日本人は北欧から何を学んだか

吉武信彦
Yoshitake Nobuhiko

日本－北欧政治関係史

新評論

まえがき

日本人から見ると、北欧は地理的に遠い存在である。地図で確認するまでもなく、日本と北欧はユーラシア大陸の両端に位置している。成田からスカンジナビア航空（SAS）のコペンハーゲン行き直行便に乗っても、一一時間はかかってしまう。

それにもかかわらず、日本のテレビでは北欧の風景が最近しばしば流れ、多くの日本人が観光や仕事や留学などで北欧を訪問するようになった。また、北欧の先進的な福祉政策、環境政策などが詳しく紹介され、人々の注目を集めている。その結果、さまざまな分野で北欧を「モデル」として積極的に学ぼうという声が強まっている。この傾向は、とくに一九八〇年代末以降顕著になったように思われる。

しかし、日本－北欧関係の長い歴史を振り返ると、日本人が北欧から学ぼうという姿勢を示したのは、これが初めてのことではない。そうした声はすでに第二次世界大戦以前からあり、多くの日本人に影響を与えてきた。

本書は、そのような日本人の声をさまざまな史料、文献から拾い、日本人が北欧のいかなる点を学ぼうとしたのかを考察したものである。その際、時代背景となる日本－北欧間の政治関係の歴史を江戸時代から現在まで整理し、北欧から学ぼうという姿勢がいかなる文脈の中で出てきたのかも検証した。

本書を通じて読者は、日本と北欧との間に豊かな関係が歴史的に存在し、多くの日本人が北欧諸国に大きな関心を寄せていたことに驚かれるであろう。これまで日本人がいかに北欧から学んできたかを知ることにより、北欧から学ぶ意味を改めて考えて下されば幸いである。

ここで、本書が生まれた背景について簡単にご説明しておきたい。本書執筆の直接のきっかけは、一九九五年度に非常勤講師として慶應義塾大学法学部政治学科の専門科目「現代ヨーロッパの国際関係」を講義したことに始まる。この講義では、とくに第二次世界大戦後の北欧諸国の外交政策を安全保障、地域協力、対途上国協力、国連協力、欧州統合などさまざまな観点から紹介した。その際、講義の大前提として、日本人が北欧諸国をいかに見てきたかを講義の冒頭で整理し、その問題点を指摘したのであった。毎年、講義を重ねるごとにその講義ノートを充実させることができた。

その後、一九九七年度から三年間、文部省科学研究費補助金プロジェクト「日・EU政治関係の総合的研究」(代表者：渡邊啓貴東京外国語大学教授）にメンバーとして加えていただき、日本－ヨーロッパ政治関係の文脈で北欧諸国のことを考える機会を得た。そのプロジェクトの最終報告書をつくる際、前述の講義ノートとプロジェクトのフィールドワークで集めた資料を核にして論文を執筆した。本書は、そのときの拙稿を全面的に書き改めたものである。

以上の直接のきっかけに加えて、もう一つ重要な背景がある。それは、大学学部生以来、著者が北欧研究を深める場としてきた「バルト・スカンディナヴィア研究会」の存在である。同研究会は、二五年にわたり毎月例会を開催し、北欧の歴史、政治、社会、文化などについて研究を続けてきた。例会では、本書で扱った日本−北欧関係史についても度々報告がなされ、さらに日本人が北欧を研究する意味や問題点についても毎回のように議論してきた。そのため、本書で紹介した内容も、研究会による研究の蓄積のうえにあることをお断りしておきたい。会員の研究会報告について、その後公刊されたものに関してはできるかぎり明記するように努めた。

もくじ

凡例

・説明注は、たとえば本文中に（1）と番号をふり、本文左ページにその説明をつけた。
・出典注は、たとえば本文中に（＊1）と番号をふり、巻末にまとめて説明をつけた。
・［　］は、著者による脚注である。
・新聞、雑誌名には〈　〉をつけた。
・年月日は、西暦を基準とした。日本は明治五年一二月三日を明治六年（一八七三年）一月一日として陰暦から太陽暦に改暦した。本書では、改暦以前についても基本的に西暦を利用した。

日本人は北欧から何を学んだか

——日本－北欧政治関係史入門——

序章

✧日本―ヨーロッパ―アメリカ三極関係の中の日本―ヨーロッパ関係

日本とヨーロッパとの関係は、政治面でも経済面でも時代とともに大きな変化を遂げてきた。江戸時代の鎖国体制下におけるオランダ一国との経済関係を主とした細々とした関係は、幕末の開国以降に急速に拡大し、経済面のみならず政治面においても関係が強化されることになった。この関係拡大は、日本国内のナショナリズムを刺激し、一時的にその行き過ぎにブレーキがかかることはあったが、第二次世界大戦の時期まで基本的には続いたと考えられる。

しかし、第二次世界大戦に敗北した日本は、アメリカを中心とした連合国の占領下に置かれた。さらに冷戦が激化する中、日本はアメリカの庇護の下に主権を回復した。その結果、日本はアメリカを中心とした西側陣営を選択し、政治面、経済面でアメリカに著しく依存する立場に置かれたのである。この路線は冷戦期を通じて一貫して維持されたが、それにともなって、戦前までは重視されてきたヨーロッパとの関係が急速に縮小することになった。そのため、戦後の国際関係の三極を構成した日本―ヨーロッパ―アメリカ間の関係は、歪んだ形で現在に至っている。すなわち、日本―アメリカ関係、ヨーロッパ―アメリカ関係がともに経済的にも政治的にも緊密であるのに対し、日本―ヨーロッパ関係は弱く、とくに政治面においてはきわめて希薄な関係になっている。

日本とヨーロッパ、アメリカとの関係史については、イギリス人のエンディミヨン・ウィルキンソン（一九四一年〜）がその著書『新版誤解——日米欧摩擦の解剖学——』（白須英子訳、中央公論新社、一九九二年）の中で詳しく検討している。ウィルキンソンは、日本留学を含む学究生活の後、ＥＣ（欧州共同体）委員会の外交官として一九七〇年代に在日ＥＣ代表部に勤務し、それ以後、日本－ヨーロッパ関係の緊密化に努力した。彼は、日本－ヨーロッパ関係の現状を考えるにあたり、日本、ヨーロッパ、アメリカを三角形にたとえ、日本－ヨーロッパ関係をもっとも弱い一辺とみていた。(＊1) この状況は、現在でも完全に克服されたわけでない。そのため、その関係の強化が日本、ヨーロッパ双方にとって依然として大きな課題となっているのである（**図1**参照）。

日本－北欧政治関係史の視点

このような日本－ヨーロッパ－アメリカという三極関係の歴史的発展において、本書の主題となる日本と北欧諸国（デンマーク、フィンランド、アイスランド、ノルウェー、スウェーデン）との関係はいかに位置づけられるのであろうか。

本書は、国際環境の大きな枠組みの中で日本－北欧諸国間の政治関係が歴史的にいかに発展し

図1　第二次世界大戦後の日－米－欧三極関係

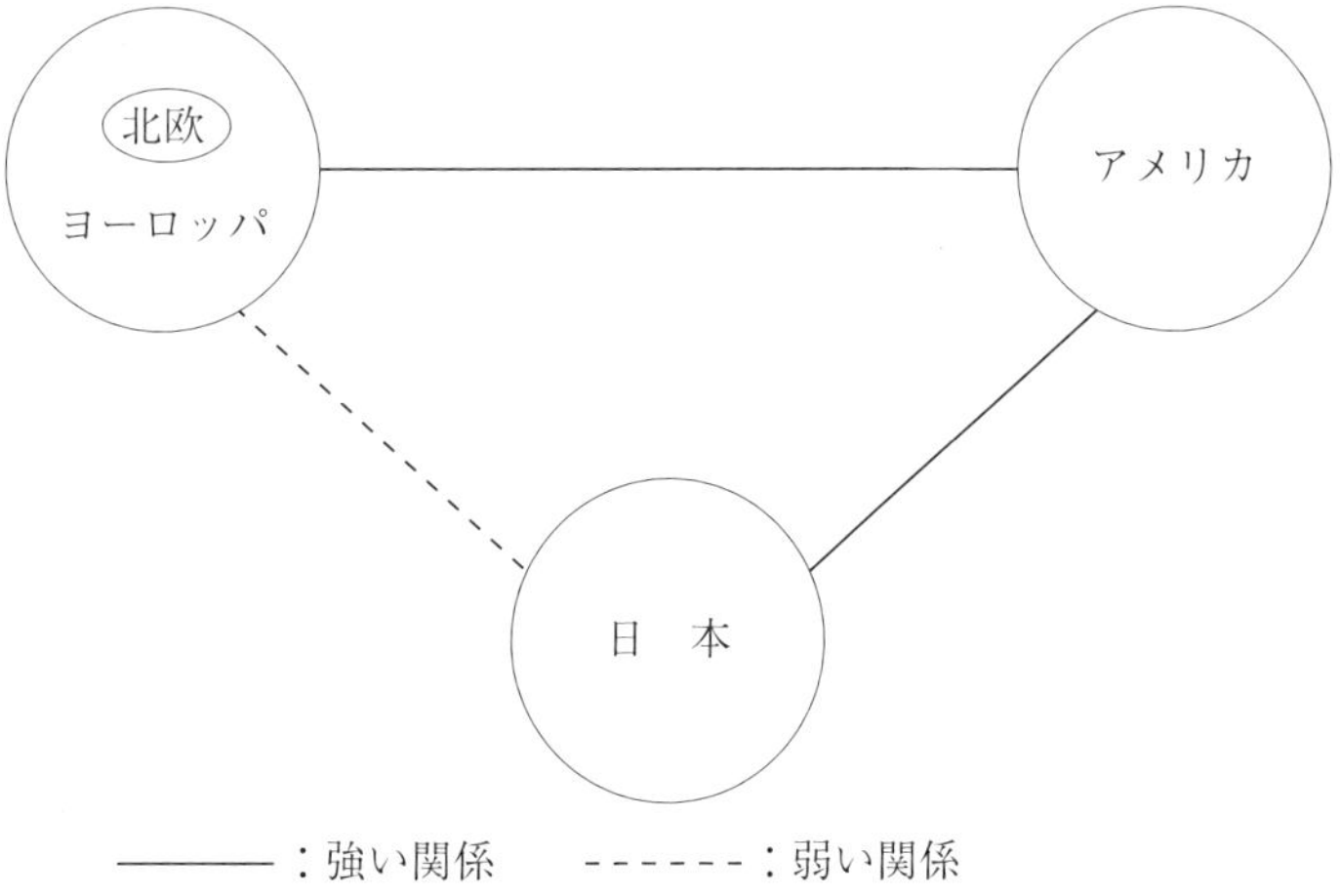

たかを紹介し、その特徴を整理しようとするものである（**図2**参照）。とくに、政治関係の中心をなす外交に着目し、実際の外交関係がいかなるものであったかを日本側の史料に基づいて検証する。日本外交史において、日本－北欧間の外交関係はほとんど注目されることのない地味な存在でしかない。しかし、実際には日本と北欧諸国はさまざまな問題を乗り越え、着実に豊かな関係を積み重ねてきている。まず、その歴史的事実に着目し、何が争点になってきたかを明らかにしたい。

その際、そうした外交関係の基盤として日本側が北欧諸国に対していかなるイメージをもってきたかも考察する。それにより、日本－北欧諸国間の政治関係を、単に政府間の外交関係に限定せず一般国民を含めた幅広い関係としてとらえることができ、政治関係の推

図2　日本ー北欧政治関係の概念図

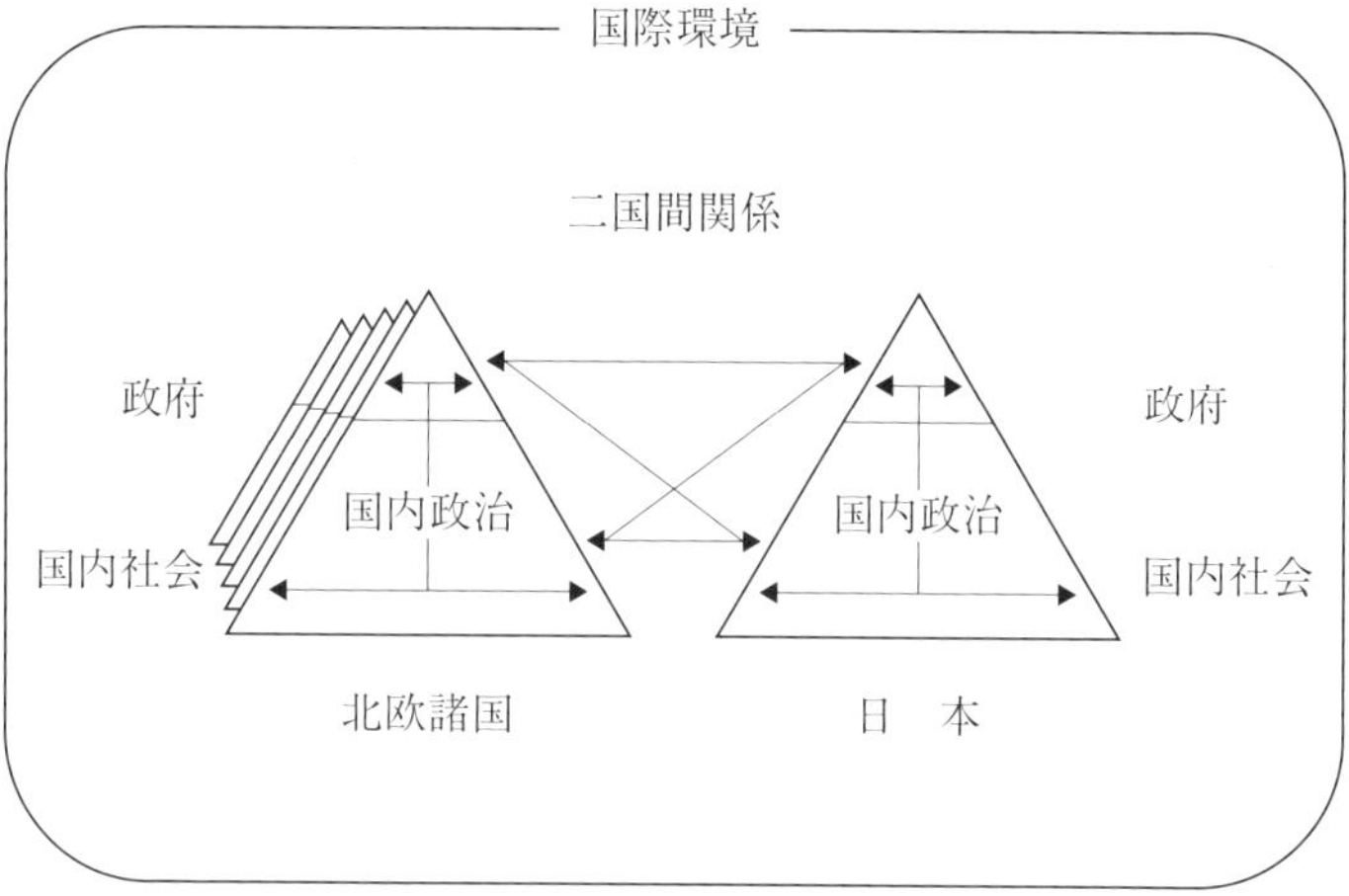

移の根底にあったものを明らかにすることができるのではないだろうか。

以下の各章で紹介するように、日本人は長い間「北欧から学ぶ」という姿勢で北欧に注目してきた。それは、しばしば登場する「北欧モデル」という言葉に象徴されるであろう。その中身は時代とともに変遷を遂げたが、その結果、一般国民の間に北欧に対してある種のイメージが生まれ、それは日本の国内政治により増幅され、実際の日本－北欧という政治関係にも大きな影響を与えてきたと考えられる。それゆえ、日本人の北欧イメージを明らかにすることで、初めて実際の日本－北欧という政治関係の推移も理解できるであろう。

なお本書では、日本－北欧諸国間の政治関係に焦点をあてるため、政治以外の経済関係、文化関係などについてはほとんど言及できなかった。こうした関係も、もちろん歴史的に幅広く発展してきており、日本－北欧諸国間関係の全体像をとらえようとするならば必須のものであろう。しかし本書では、まず経済、文化関係の背景をなす政治関係に限定して分析を進め、全体像をとらえる第一歩としたい。無論、政治関係に限定して考えた場合でも、どこまでを分析するかは微妙な問題となる。取り上げなかった問題の中にも政治的に重要なものが多々あろうと思う。また、政治、経済、文化の問題は、実際の国際関係や国内政治では融合して現れることも多い。その点で、本書で取り上げた政治問題の分析が不十分という場合もあることを最初にお断りしておきたい。

本書の構成・史料

本書は、日本－北欧の政治関係を歴史的に五つの時期に分けて分析する。まず、第一期は第二次世界大戦終結までの時期、第二期は一九四〇年代後半から一九五〇年代までの時期、第三期は一九六〇年代から一九七〇年代前半までの時期、第四期は一九七〇年代後半から一九八〇年代末までの時期、第五期は一九八〇年代末から現在までの時期である。これら五つの時期をそれぞれ一章として時系列的に扱い、各時期の特徴を整理していく。これら各時期の日本－北欧の政治関係は、その時代の国内環境、国際環境から影響を受け、一定の傾向を有していたと考えられる。

各時期の分析では、日本人の北欧イメージの形成という観点で特徴的な主張（人名は敬称略）をさまざまな文献から取り上げる。しかし、それらの文献は北欧に関するすべてのものを網羅しているわけではない。第二次世界大戦後、北欧の歴史、政治、経済、社会、文化などについて実証的な学術研究が日本でも数多く刊行されてきたが、それらについてはほとんど紹介できなかった。また、日本外務省が近年公開した外交文書の中には、第二次世界大戦後から一九六〇年代までの日本－北欧の政治関係に関連するものもある。それゆえ、本書ではその新史料にも基づき、これまでほとんど紹介されていなかった第二次世界大戦後の政治関係をできるかぎり詳しく考察する。第二次世界大戦以前の日本－北欧政治関係については、公開された外交文書などの第一次史料に基づいた実証的な研究が多くの研究者によりすでに積み重ねられており、本書もそれらの研究を大いに利用した。

本書で言及する事実関係については、あえて詳しい注をつけることにした。本書が北欧に関心を有する幅広い読者を対象としているため、読みやすさを考えて学術的な注をつけるべきではないとの指摘もあったが、利用した文献の多くが邦語文献であり、読者が各自の問題意識に従い各事項をさらに深めることができるように出典を明らかにすべきであると判断したためである。この点に関して、読者のご理解をお願いしたい。なお、行間につけた出典の注をわずらわしく感じられる読者は無視してお読みになっても結構である。これには、基本的に出典もしくは参考文献のみを記し、読み飛ばしても支障がないようにできるかぎりの配慮をした。

また、本書で言及する人物には生没年を基本的に記載するようにした。外国人の人名については、巻末の索引において原語表記もつけた。もちろん、人物の位置づけや検索を容易にするためである。さらに、本書の対象とした日本－北欧の政治関係に関して類書がきわめてかぎられているため、本書が基礎資料としての役割を果たせるように図表、写真などをできるかぎり多く本文中に収めるようにもした。巻末には、本書で言及した重要文献を資料として収録し、読者が原典に直接触れられるようにも配慮した。資料を通じて、それぞれの時代の雰囲気を感じて下されば幸いである。

第1章

出会いから関係進展・断絶まで

——第一期：第二次世界大戦終結まで——

「地球上の三大部分に居住する民族のなかで、日本人は第一級の民族に値し、ヨーロッパ人に比肩するものである。しかし、多くの点でヨーロッパ人に遅れをとっていると言わざるを得ない。だが他方では、非常に公正にみてヨーロッパ人のうえをいっているということができよう」（C・P・ツュンベリー／高橋文訳『江戸参府随行記』）

「丁抹《デンマーク》は理想の農民国である。大国家は農を以て成立し得べしとは丁抹が世界に教ふる所である。（中略）日本は元来農本国である。今より大に丁抹国に学んで、農を以て強大なる平和的文明国たるべきである」（内村鑑三「西洋の模範国デンマルク国に就て」『内村鑑三全集』所収）

「畜産室の奇麗なことに、私は驚いた。それは、私が長年住んでゐた、神戸葺合新川の人間の住む二畳敷長屋より、数等衛生的なものであつた。私は、デンマークの豚は、日本の人間より善き境遇に居ると思ふて、デンマークの豚を羨んだ。これなればこそ、世界一のベーコン（豚肉の燻製）も出来るのだと、私は感心したことであつた」（賀川豊彦『雲水遍路』、『賀川豊彦全集』所収）

✧鎖国下の日本―北欧関係

日本―北欧関係は、古くは江戸時代にまで遡れる。[1] 鎖国下の日本は、ヨーロッパの国ではオランダ一国のみと経済関係を有していた。これは、オランダ政府との公式関係ではなく、オランダの「東インド会社」との間の貿易という、非公式の関係であった。東インド会社は長崎の出島に商館を設け、一〇人前後の商館員を常駐させていた。この出島の「オランダ人」はオランダ人とはかぎらず、ほかの国籍の者もいた。たとえば、医師として一六九〇年～一六九二年に滞在したケンペル（一六五一～一七一六）、一八二三年～一八三〇年に滞在したシーボルト（一七九六～一八六六）はドイツ人であり、帰国後、日本に関する著作をヨーロッパで刊行し、日本通としても有名となった。

ケンペルは、スウェーデンのウプサラ大学でも教育を受けたことがあり、一時スウェーデン国王の派遣した使節団秘書としてロシア、ペルシャに赴いた。ペルシャに一年以上滞在した後、そ

（1）　江戸時代から明治時代までの日本―北欧関係の概略については、必ずしも文献は多くない。たとえば、以下を参照されたい。長島要一「初期日本・デンマーク文化交流史についての覚書」（〈日本歴史〉第四七九号、一九八八年四月）。同「江戸・明治期の交渉史」（百瀬宏、村井誠人編『世界の歴史と文化　北欧』新潮社、一九九六年）。

のままオランダの東インド会社に入り、一六九〇年（元禄三年）に来日した。帰国後は、故郷の北ドイツ・レムゴーで日本などについての原稿を執筆した。主著『日本誌』は、死後の一七二七年にロンドンで刊行された。他方、シーボルトは一八二三年（文政六年）に来日して商館医として勤務するかたわら鳴滝塾を開き、日本人に医学を教えた。一八二八年（文政一一年）に禁制品の地図を国外に持ち出そうとしたことが発覚したため（シーボルト事件）、翌年に国外退去処分を受け、再入国を禁じられた（一八三〇年出国）。帰国後、『日本』、『日本動物誌』、『日本植物誌』をまとめた。開国後の一八五九年（安政六年）に会社顧問として再来日し、幕府の顧問も務め、一八六二年（文久二年）まで滞在した。

北欧人では、スウェーデン人のトゥンベリ（一七四三〜一八二八）が同じく医師として一七七五年〜一七七六年にわたって出島に滞在している。出島という狭い人工島に閉じこめられ、監視された生活は、「連れてきた鳩の方がよっぽど自由」であり、「まさに死んで地球の一隅に埋葬されているのと同然」のものであった。(*1) しかし、その困難にもかかわらず、トゥンベリは日本について貪欲に学ぼうという姿勢を一貫して保持し、日本について広範な情報を蓄積したのである。帰国後に書いた旅行記(2)の「序」には、以下のような記述がある。

「日本帝国は、多くの点で独特の国であり、風習および制度においては、ヨーロッパや世界のほとんどの国とまったく異なっている。そのため常に驚異の目でみられ、時に賞賛され、また時には非難されてきた。地球上の三大部分に居住する民族のなかで、日本人は第一級の

出島和蘭商館跡全景（長崎市）

民族に値し、ヨーロッパ人に比肩するものである。しかし、多くの点でヨーロッパ人に遅れをとっていると言わざるを得ない。だが他方では、非常に公正にみてヨーロッパ人のうえをいっているという

(2) トゥンベリによる旅行記の日本部分は、スウェーデンのウプサラで一七九一年、一七九三年に出版された。邦訳は、以下のように第二次世界大戦前にすでに出版されていた。ツンベルグ／山田珠樹訳註『ツンベルグ日本紀行』（駿南社、一九二八年。改訂復刻版、雄松堂書店、一九六六年）。これは、フランス語訳版からの翻訳である。その後、スウェーデン語からの新訳が出版された。C・P・ツュンベリー／高橋文訳『江戸参府随行記』（平凡社、一九九四年）。本書では、新訳を利用した。トゥンベリについては、以下も参照されたい。西村三郎『リンネとその使徒たち――探検博物学の夜明け――』（朝日新聞社、一九九七年）。

トゥンベリ
（スウェーデン発行切手「探検旅行家」、1973年）

ことができよう。他の国と同様この国においても、役に立つ制度と害をおよぼす制度、または理にかなった法令と不適正な法令の両者が共存していると言える。しかしなお、その国民性の随所にみられる堅実さ、法の執行や職務の遂行にみられる不変性、有益さを追求しかつ促進しようという国民のたゆまざる熱意、そして一〇〇を超すその他の事柄に関し、我々は驚嘆せざるを得ない」（＊2）

　こうした認識は、トゥンベリが一七七六年（安永五年）に商館長の江戸参府に付き添い、その道中で体験したり、江戸において中川淳庵《なかがわじゅんなん》（一七三九～一七八六）、桂川甫周《かつらがわほしゅう》（一七五四～一八〇九）ら蘭学者や医師と交流をもったことにより一層深められたのであろう。トゥンベリは、江戸滞在中、毎日熱心に訪問してくる中川と桂川の両名を弟子として高く評価した。

　トゥンベリはスウェーデンの著名な植物学者リンネ（一七〇七～一七七八）の弟子であり、科学者としての眼をもって日本を冷静に観察したのである。それは、スウェーデンに持ち帰った大量の植物標本に基づいた『日本植物誌（Flora Iaponica）』（一七八四年）の出版や、前述の旅行

スウェーデンの教育から学ぶ!

自立していく子どもたちへ
あなた自身の社会
スウェーデンの中学教科書

A.リンドクウィスト
J.ウェステル
／川上邦夫訳

228頁
2200円

ISBN4-7948-0291-9

社会の負の面を隠すことなく豊富で生き生きとしたエピソードを通して平明に紹介し、自立し始めた子どもたちに自分を取り巻いている「社会」というものを分かりやすく伝える。

あせらないでゆっくり学ぼうよ
スウェーデンののびのび教育

河本佳子

243頁
2000円

ISBN4-7948-0548-9

「あせらなくてもいいじゃないか。一生涯をかけて学習すればいい」。グループ討論や時差登校などで平等の精神を築く、ユニークな教育事情(幼稚園～大学)を自らの体験を基に描く。

デンマークの民衆学校とは
改訂新版 生のための学校

●清水 満

【デンマークに生まれたフリースクール「フォルケホイスコーレ」の世界】テストも通知表もないデンマークの民衆学校の全貌を紹介。新版にあたり、日本での新たな展開を増補。

ISBN4-7948-0334-6

334頁　2500円

大変なんです、でも最高に面白いんです
スウェーデンの作業療法士

●河本佳子

患者の障害面ばかりをみるのではなく、患者の全体像をも見極めて治療訓練にあたる「作業療法士」。福祉先進国スウェーデンで現場に立つ著者の大変でも最高に面白い記録。

ISBN4-7948-0475-X

250頁　2000円

小さな塾から教育の未来を問う
学びへの挑戦

●小笠 毅

【学習困難児の教育を原点にして】「子どもの権利条約」を縦軸に、インクルージョン教育を横軸に、障害児教育を原点に据えて分析し、解決をめざす「遠山真学塾」の挑戦。

ISBN4-7948-0492-X

240頁　1600円

郵便はがき

料金受取人払

新宿北局承認

6064

差出有効期限
平成15年12月
19日まで

有効期限が
切れましたら
切手をはって
お出し下さい

169-8790

165

東京都新宿区
西早稲田三―一六―二八

株式会社
新評論
読者アンケート係行

読者アンケートハガキ

お名前	SBC会員番号 L 番	年齢
ご住所 (〒) TEL		
ご職業（または学校・学年、できるだけくわしくお書き下さい） E-mail		
所属グループ・団体名 連絡先		
本書をお買い求めの書店名 市区 郡町 書店	■新刊案内のご希望 □ある □ない ■図書目録のご希望 □ある □ない	

●このたびは新評論の出版物をお買上げ頂き、ありがとうございました。今後の編集の参考にするために、以下の設問にお答えいただければ幸いです。ご協力を宜しくお願い致します。

本のタイトル

●この本を何でお知りになりましたか

1.新聞の広告で・新聞名（　　　　　　）2.雑誌の広告で・雑誌名（　　　　　　）3.書店で実物を見て 4.人（　　　　　　）にすすめられて 5.雑誌、新聞の紹介記事で（その雑誌、新聞名　　　　　　）6.単行本の折込みチラシ（近刊案内『新評論』で）7.その他（　　　　　　）

●お買い求めの動機をお聞かせ下さい

1.著者に関心がある 2.作品のジャンルに興味がある 3.装丁が良かったので 4.タイトルが良かったので 5.その他（　　　　　　）

●この本をお読みになったご意見・ご感想、小社の出版物に対するご意見があればお聞かせ下さい（小社、PR誌「新評論」に掲載させて頂く場合もございます。予めご了承下さい）

●書店にはひと月にどのくらい行かれますか

（　　　）回くらい　　書店名（　　　　　　）

●購入申込書（小社刊行物のご注文にご利用下さい。その際書店名を必ずご記入下さい）

書名　　冊　書名　　冊

●ご指定の書店名

書店名　　都道府県　　市区郡町

記の記述に遺憾なく発揮されている。帰国後のトゥンベリは、母校ウプサラ大学の教授、スウェーデン王立科学アカデミー(3)の総裁を務めるまでに至っている。なお、トゥンベリの持ち帰った植物標本は、現在もウプサラ大学に保管されている。

ケンペル、シーボルト、トゥンベリの三人は、日本に医学をはじめとする西洋の学問を積極的に伝え、同時に西洋に日本の事情を本格的に紹介した点で「出島の三学者」といわれる。トゥンベリの離日から約五〇年後に来日したシーボルトは、ケンペル、トゥンベリの先駆的な日本研究を高く評価し、出島の薬草園内に二人を称える記念碑を建立している。この石碑は、一時、長崎市内の別の場所に移転されたが現在は出島跡に戻され、多少なりと当時を偲ぶことができる。

トゥンベリの墓
（スウェーデン・ウプサラ）

（3）　スウェーデン王立科学アカデミーは、リンネなどの科学者が中心となり、一七三九年にストックホルムに設立された。科学の振興を目的とする。一九〇一年以来、ノーベル物理学賞、化学賞の選考を行っている。一九六九年からはノーベル賞と同等の扱いの賞として新設された経済学賞の選考も行っている。

このトゥンベリ以前にも、オランダ東インド会社の一員として来日した北欧人の存在が明らかになっている。たとえば、ノルウェー（当時デンマーク領）のベルゲン出身のバルトルスゾーンが一六三九年（寛永一六年）に軍事技術者として将軍に仕えたとされる。(＊3) これが事実であれば、現在までのところ、彼は日本を訪問した最初の北欧人である。また、スウェーデン人のベリ（一六一八～一六七六）が一六四七年（正保四年）に出島を訪れた可能性があり、さらに同じころにスウェーデン人のコイエット（一六二〇～一六八九）が出島にオランダ商館長として到着した。コイエットは商館長として、一六四七年～一六四八年と一六五二年～一六五三年の二度、日本に滞在した。一六五一年には同じくスウェーデン人のヴィルマンがオランダ商館員として来日し、翌年まで滞在した。(＊4)

鎖国下の日本と北欧との出会いは、長崎の出島に限定されたものではなかった。ロシアに漂流し、一〇年の滞在の後、一七九三年（寛政五年）に帰国した伊勢の神昌丸《しんしょうまる》の乗組員、大黒屋光《だいこくやこう》太夫《だゆう》（一七五一～一八二八）らをロシアで援助し、皇帝エカテリーナ二世（一七二九～一七九六、在位一七六二～一七九六）との謁見をお膳立てしたエーリク・ラクスマン（一七三七～一七九六）、日本への送還を率いた、その子アダム・ラクスマン（一七六六～？）は現在のフィンランド出身であった。(＊5)

また、大黒屋光太夫らの帰国した一七九三年、石巻の若宮丸《わかみやまる》（乗組員一六人）が同様にロシアに漂着したが、乗組員の多くは首都ペテルブルクに送られ、最後まで帰国を希望した四人（津太夫、儀平、左平、太十郎）と、ロシア永住を決めたが通訳として同行した一人（善六）の日本人合計五人は、遣日使節レザノフ（一七六四～一八〇七）に付き添われて一八〇三年にバルト海のクロンシュタット港をナジェジダ号で出発した。一行は大西洋、太平洋を経由して一八〇四年（文化元年）に長崎に到着し、漂流民の四人は無事に送還された。この日本人五人は、ロシアを出発した直後、デンマークのコペンハーゲンに寄港して滞在している。彼らこそ、日本人最初の北欧訪問者と考えられる。とくに、彼らからの聞き書き記録である『環海異聞《かんかいいぶん》』には「太十郎は上陸し、府下を一見せり」とある。(＊6)

開国後の日本―北欧関係と岩倉使節団

幕末の開国後は、北欧人の日本訪問、日本人の北欧訪問が本格化した。たとえば、一八六四年にデンマークとプロイセン・オーストリアが国境地域の帰属をめぐって戦った「第二次スレースヴィ戦争」の際に、日本人が武官として実際に観戦している。幕府留学生としてオランダに留学中であった榎本武揚《えのもとたけあき》（一八三六～一九〇八）、赤松則良《あかまつのりよし》（一八四一～一九二〇）は、オランダ軍士官二人とともに一八六四年二月から三月にプロイセン・オーストリアとデンマーク双方の陣地から戦争を観戦した。インド人に間違われないため、羽織、袴に刀を差し、靴を履くという服装で訪問したこともあり、彼らは両軍から珍しがられて歓待を受けている(*7)。ご存じの通り、帰国後、榎本、赤松の両名は明治政府で活躍することになる。榎本は江戸開城後も幕府側について戦うが、降伏後、明治政府の下でロシア駐在特命全権公使、清国駐在特命全権公使、逓信、農商務、文部、外務の各大臣を歴任した。赤松は海軍軍人としての道を歩み、横須賀鎮守府司令長官を最後に軍を退き、その後、貴族院議員を務めた。

江戸幕府は、一八六七年（慶應二年）一月一二日、幕府として最後の修好通商航海条約をデンマークと締結している。その後、明治政府は一八六八年（明治元年）一一月一一日に新政府として初めての修好通商航海条約をスウェーデンと締結した。これらの条約は、ほかの列強との条約と同様に日本にとって不平等条約であった。なお、この当時、フィンランド、アイスランド、ノルウェーの三ヵ国はまだ独立国ではなかったため、日本との間に公式の関係は有していなかった。ノルウェーはスウェーデンと同君連合を形成しており、一九〇五年に同国から独立を達成した。フィンランドはロシアから一九一七年に、アイスランドはデンマークから一九四四年に独立している。

こうして始まった日本－北欧関係は、明治以降ますます拡大することになった。北欧が日本の近代化にかかわった一例として、国際電信のネットワークへの日本の参加がある。すなわち、一八七〇年（明治三年）、デンマークの「大北電信会社（Det Store Nordiske Telegraf-Selskab/The Great Northern Telegraph Company）」は、デンマーク、ロシア政府の強い後押しの下、海底ケーブルを日本に陸揚げする権利を明治政府から得た。交渉は明治政府の寺島宗則《てらしまむねのり》外務大輔（一八三二〜一八九三）とデンマーク政府の初代在日外交官であるシッキ（一八一五〜一八八四）との間で主に行われ、同年九月二〇日に約定が締結された。これに基づいて、翌一八七一年に大北電信会社は、上海－長崎間、ウラジオストク－長崎間を結ぶ海底ケーブルを敷設し、実際に運用を開始した（**ブレイク1**参照）。

当時、ヨーロッパからの電信ケーブルは、ロシアによりシベリア経由でウラジオストクまで、イギリスにより南回りで香港までは引かれていた。大北電信会社は、ウラジオストク、長崎、上海、香港を海底ケーブルで結ぶことで世界を周回する電信ネットワークをつくり、巨額の利益を上げようとしていたのである。この海底ケーブルの敷設により日本とヨーロッパが電信ネットワークで結ばれ、両者間で国際電信が可能となった。これは、日本－ヨーロッパ関係を考える上で画期的な出来事であった。

この点について、コペンハーゲン大学の長島要一教授（一九四六〜）は、「ウラジオストク経由で日本をヨーロッパと電信でつないだこの画期的な事業が発端になって進められた電信事業の発達が、日本の近代化に果たした役割も忘れてはなるまい。その大事業の最前線に立って、間接的にではあったにしろ日本の文明開化に多大の貢献をしたのがシッキであった」と述べている。(＊8)しかし、大北電信会社の海底ケーブル敷設がその後の日本に問題をもたらすものであったとの指摘もある。作家の石原藤夫《いしはらふじお》（一九三三〜）は、以下のようにきわめて批判的にとらえている。

国際電信発祥の地記念碑（長崎市）

崎外港整備計画の一環で丘が削られて埋め立てが進み、当時の面影はない。陸揚庫も整備計画で一旦解体されたが、旧地に近い民家の裏庭に復元された。その横には、陸揚庫の由来を説明する長崎県と国際電信電話株式会社による石碑がひっそりと立っている。

長崎市内の大北電信会社の事務所は、1871年当時、南山手の外国人居留地にあったヴェルビュー・ホテルの一室に置かれていた。現在、ベルビュー・ホテルは残っておらず、その場所は「長崎全日空ホテル・グラバーヒル」となっている。敷地の入り口には、「国際電信発祥の地」という小さな石碑がフェンスに隠れるように立てられている。多くの観光客がその前を行き来するが、石碑に目を留める者は少ない。

出島和蘭商館跡　　　　　：長崎市出島町６―３
国際海底電線小ヶ倉陸揚庫：長崎市小ヶ倉町３丁目76―44
国際電信発祥の地　　　　：長崎市南山手町１―18　長崎全日空ホテル・グラバーヒル内

ブレイク1　国際電信発祥の地、長崎
——北欧ゆかりの地を訪ねて①——

長崎市は、江戸時代に出島があったことで有名である。明治以降、出島付近の埋め立てが進んで扇型の島は姿を消したが、最近になりその歴史的意義が再評価され、「出島和蘭商館跡」として学術調査や復元が進みつつある。ケンペル、トゥンベリを称えるシーボルトの石碑も、この出島跡に見ることができる。

長崎には、出島以外にも北欧に関連する史跡がある。本文でも触れたように、1871年（明治4年）にデンマークの「大北電信会社」が長崎と上海、ウラジオストクとの間に国際電信の海底ケーブルを敷いた結果、日本は初めてヨーロッパをはじめとする外国と電信を使ってやりとりができるようになった。その際、海底ケーブルを陸揚げした地点は、長崎市の中心から約4キロほど南下した小ヶ倉《こがくら》であった。ここはちょうど外海から長崎湾に入った所であり、この地点で陸揚げされたケーブルは陸路で長崎市内の大北電信会社の事務所につながれた。

国際海底電線小ヶ倉陸揚庫（長崎市）

現在、小ヶ倉には、ケーブルを陸揚げした小屋「国際海底電線小ヶ倉陸揚庫《りくあげこ》」が県指定史跡として残されている。この陸揚庫が設置された所は、当時、海岸に突きだした小高い丘であったが、長

参考　日本電信電話公社海底線施設事務所編『海底線百年の歩み』（財団法人電気通信協会、1971年）。

「約定内容［一八七〇年九月の日本政府とデンマーク政府の約定］は、一見すると、国際通信施設を建設する力のない日本に大北電信会社が協力しているように思えるが、実質的には、（すくなくとも）大陸側との国際通信の権利を外国の企業に奪われたことを意味していた。また、日本の領海内や国土内であっても大北電信会社の海底ケーブルや諸施設には日本が手を出すことができず、その部分は不可触領域になってしまったことを意味していた。さらに、わが国の国際通信そのものが一種の植民地状態になってしまうきっかけでもあった。列強が利害を一致させて圧力をかけた結果成立したこの協定によって、日本の国際通信関係者や陸海軍関係者の、九十九年にもわたる苦闘の歴史が始まるのである（＊9）」

当時の日本は、海底ケーブルを敷設するだけの技術を有していなかったために、その国際電信ネットワークの敷設、運用を大北電信会社に独占させることになり、この分野で長く自主権をもてなかったとされるのである。この大北電信会社の果たした役割を考えるには、日本側の史料のみならず、デンマークをはじめロシア、イギリスなど外国の史料も利用して検証する必要があろう。デンマークの史料に基づいて分析を行った長島要一は、「大北電信会社の日本進出は、東洋において拡張政策を展開していた列強諸国間で戦われていた代理戦争の一環であったのであり、主戦場はあくまでも清国にあった」と述べ（＊10）、この問題を国際的視点から考える重要性を強調しているが、今後、この分野の研究がさらに進むことが望まれる。

明治政府は一八七一年（明治四年）から一八七三年（明治六年）まで約一年九ヵ月にわたって右大臣岩倉具視《いわくらともみ》（一八二五〜一八八三）を特命全権大使とする公式の大使節団をアメリカ、ヨーロッパに派遣し、条約改正予備交渉と現地視察を行った。この岩倉使節団は、北欧では一八七三年四月一八日から二三日にデンマーク、同月二三日から三〇日までスウェーデンに滞在している。(4) 明治政府がアメリカ、イギリス、フランス、ドイツ、ロシア、イタリアといった大国だけではなく、北欧の二小国も調査対象にしたことは特筆に値する。使節団は、途中帰国者も多く、北欧を訪問したときには一〇人ほどになっていたが、デンマーク国王のクリスチャン九世（一八一八〜一九〇六、在位一八六三〜一九〇六）とスウェーデン国王のオスカル二世（一八二九〜一九〇七、在位一八七二〜一九〇七）に謁見し、さらに両国の役所、工場、博物館、美術館、学校などを精力的に見学している。

（4）　岩倉使節団に関する研究は、日本の内外で活発になされている。デンマーク、スウェーデンにおける岩倉使節団の活動に関する批判的検証としては、たとえば以下を参照されたい。ベルト・エドストロム／伊藤彌彦訳「スウェーデン　使節団に対する接待外交——一八七三年四月二三〜三〇日——」（イアン・ニッシュ編／麻田貞雄ほか訳『欧米から見た岩倉使節団』ミネルヴァ書房、二〇〇二年）。長島要一「デンマークにおける岩倉使節団——『米欧回覧実記』の歪み——」（田中彰、高田誠二編『米欧回覧実記』の学際的研究』北海道大学図書刊行会、一九九三年）。奥田環「〈資料紹介〉明治政府のスウェーデン訪問——岩倉使節団と『米欧回覧実記』——」（〈北欧史研究〉第一三号、一九九六年五月）。

大北電信会社本社のあった旧証券取引所ベアセン
（デンマーク・コペンハーゲン）

デンマークのコペンハーゲンでは、コペンハーゲン市卸売業者組合と大北電信会社の招待による使節歓迎の晩餐会が大北電信会社の本社のあった証券取引所で開かれ、首相、外相などもこれに出席している。長島要一によれば、この晩餐会は大北電信会社の発展をアピールする絶好の機会でもあった。（＊11）滞在中、使節団はヨーロッパの大国の間で独立を維持する小国デンマークの存在に驚嘆し、その「不撓ノ精神」、「自主ノ気慨」を高く評価している。（＊12）欧米列強に遅れをとり、自国の独立、発展に危機感をもっていた使節団にとって、北欧が大きな刺激を与えたことは確かであろう。

しかし、その後の日本は、富国強兵、殖産興業のモデルとしてイギリス、ドイツ、アメリカをはじめとする、いわゆる欧米列強をイメージして急激な近代化を推し進めた。その結果、日本にとってヨーロッパとは、基本的にそうした列強を意味するようになり、北欧諸国は次第にヨーロッパの国々の中では低い存在、遠い存在になっていったことは否めない。そのため、日本において北欧に関する情報はヨーロッパの列強に比べると少なかった。それは、明治期に来日したお雇い外国人の出身国を見ても分かる。明治政府に雇われた官傭外国人は、イギリス人、ドイツ人、アメリカ人、フランス人に集中し、北欧人は非常にかぎられたものであった。たとえば、一八八一年から一八九八年までの官傭外国人の延人数（学術教師と技術者に限定）は、イギリス人が七六六人（学術教師四一五人、技術者三五一人）で首位を占めたのに対して、スウェーデン人（同君連合のためノルウェー人も含む）は二人（学術教師二人）に過ぎなかった。ただし、同時期に民間企業などに雇われた私傭外国人の延人数を見ると、イギリス人が三四一一人（学術教師九六〇人、技術者二四五一人）で圧倒的な首位を占め、アメリカ人、ドイツ人、フランス人がその後に続いたが、その次にはデンマーク人二一八人（学術教師四人、技術者二一四人）、スウェーデン（ノルウェー）人一二〇人（学術教師一二人、技術者一〇八人）となっている。[*13]これは、北欧人がとくに民間レベルで日本の近代化に貢献したことを示すものであろう。しかし、全体としては、日本にとって北欧の存在は列強に比べて大きなものではなかった。

こうした状況は、ヨーロッパの周辺に位置した北欧諸国にとっても同様であった。北欧諸国は一九世紀後半の時期、ようやく工業化の道を歩み始めたものの、過剰人口を抱え、新大陸へ大量

表1　日本ー北欧諸国間の外交関係

	外交関係樹立	日本から北欧各国への使節着任	北欧各国から日本への使節着任
デンマーク	1867年	1880年	1870年
フィンランド	1919年	1921年	1920年
ノルウェー	1905年	1907年	1907年
スウェーデン	1868年	1880年	1871年

（出所）外務省編纂『日本外交年表竝主要文書』上・下（原書房、1965年、1966年）、国際法事例研究会『日本の国際法事例研究⑵国交再開・政府承認』（慶應通信、1988年）により、筆者作成。

表2　日本ー北欧諸国間の通商関係

	修好通商航海条約	通商航海条約
デンマーク	1867年	1912年
フィンランド	—	1924年
ノルウェー	（1868年）	1911年
スウェーデン	1868年	1911年

（出所）表1参照。ノルウェーは、1905年までスウェーデンと同君連合を形成していた。

の移民を送り出しているような状態であった。そのため、北欧諸国にとって、ヨーロッパ大陸の列強諸国との関係を強化し、経済的に追いつくことが最大の関心事であった。それにともない、極東の日本との関係は大きな存在とはなり得なかった。

以上のように、日本と北欧諸国との関係は双方にとって必ずしも大きなものではなかった。そのため、第二次世界大戦前の日本ーヨーロッパ関係が一般的に緊密であったといわれるが、それは日本とヨーロッパ列強との関係を指していたのである。

なお、この時期に日本と北欧諸国との間に次々と外交関係が樹立されたのも事実である。当初、日本から北欧各国へ派遣された外交使節は、他国駐在の使節の兼轄であった。たとえば、日本の在デンマーク特命全権公使は一九一七年（大正六年）まで在オランダ特命全権公使が兼任し、それ以後、第二次世界大戦後まで在スウェーデン特命全権公使が兼任していた。在フィンランド特命全権公使は、一九三六年（昭和一一年）まで在スウェーデン特命全権公使が兼任した。在ノルウェー特命全権公使は、第二次世界大戦後まで在スウェーデン特命全権公使が兼任した。在スウェーデン特命全権公使は、一九〇四年（明治三七年）まで在ロシア特命全権公使が兼任した。これに示されるように、日本政府は北欧諸国の中ではスウェーデン、さらにフィンランドを重視し、早々に兼轄をやめ、両国に独自に公使館を設置したのである。

こうした外交関係と並行して、通商関係も日本の条約改正の一環で一九一〇年代以降に新条約が次々に締結され、拡大することになった。日本が北欧各国と外交関係、通商航海条約を樹立した年は**表1**、**表2**の通りである。

✧ オーランド問題と日本

第一次世界大戦後のいわゆる戦間期において、日本が北欧域内の問題にかかわった事例としてオーランド問題を挙げることができよう。オーランドはバルト海に浮かぶフィンランド領の諸島

オーランド問題をめぐる1921年国際連盟理事会（オーランド発行切手「オーランド自治70周年」、1991年）

である。第一次世界大戦中の一九一七年、フィンランドがロシアから独立した際、オーランドはフィンランドの一部とされた。それに対して、そのほとんどがスウェーデン語を母語としていた島民はスウェーデンへの帰属を求めた。戦争が終わると、オーランドの代表はパリ講和会議にその旨を陳情したが、講和会議はフィンランド、スウェーデンをはじめとする各国の利害対立からこの問題に結論を出せず、新たに成立する国際連盟に問題を先送りした。

一九二〇年七月、国際連盟理事会は正式にこの問題を取り上げたが、フィンランド、スウェーデン両国の対立から結論を出せず、問題は調査委員会に回された。国際連盟理事会は、一九二一年四月の調査委員会報告書に基づいて、同年六月二四日、オーランドがフィンランドに帰属すること、学校でのスウェーデン語保持など民族性保持のための新しい保障を自治法に盛り込むこと、非要塞化・中立化の国際条約を締結することで合意した。さらにこの合意への追加として、同年六月二七日の理事会は、民族性保持のための保障の内容についてフィンランド、スウェーデン両国政府間で合意した項目を承認している。フィンランド、スウェーデン両政府はこの理事会の裁定を受け入れ、オーランド問題は平和的に解決されたのである。

当時、日本は国際連盟の常任理事国としてこの問題にかかわり、日本代表の石井菊次郎大使（一八六六～一九四五）が一九二一年（大正一〇年）六月の理事会では審議の議長を務め、問題解決に貢献している。(＊14) また、このオーランド問題に対する日本側の対応は、フィンランドの権利を支持するものであったが、その背景には東京に駐在したフィンランド初代代理公使のラムステット（一八七三～一九五〇、任期一九二〇～一九二九）が日本外務省や国際連盟総会への日本代表団にフィンランド側の立場を説明した資料を提供し、支持を工作したことがあった。(＊15) さらに、当時国際連盟事務次長であった新渡戸稲造《にとべいなぞう》（一八六二～一九三三、任期一九二〇～一九二六）もこの裁定のために積極的に根回しを行ったとされる。(＊16)

新渡戸稲造

このように、戦間期には国際連盟を舞台にした日本と北欧諸国との関係も見られたのである。

新渡戸は、国際連盟時代にジュネーブで北欧人と接したり、北欧を実際に訪問したこともあり、北欧諸国に対してはきわめてよい印象をもっていた。新渡戸が国際連盟時代の体験に基づいて一九二八年（昭和三年）に刊行したエッセー集『東西相触れて』では、「各国の人々に逢ふた中で我輩が一番心地よく感じたのはスカンヂナビヤの人達である。この好感は我輩一人に限らぬやうで、誰人に聞いても北方人は附き合ひやすいと云ふ。こゝに北方人といふは和蘭《オランダ》、諾威《ノルウエー》、瑞典《スウエーデン》、丁抹《デンマーク》とフィンランドを指し、蘇蘭《スコットランド》も亦加へることが出来る」と述べている。また新渡戸は、北方人の個人主義と日本人の家族主義の差について触れた後に、「意味のとり次第で、個人主義も可ともなり否ともなるが、自重、正直、誠意、淳樸その他我々が常に賞賛する性格は善良な意味に於ける個人主義の賜物に外ならぬことを悟つたならば、我々も北方人種に学ぶべき点が多くあるであらう」と結論づけている。（＊17）

さらに新渡戸は、大国と小国の問題に触れた箇所でも、北欧諸国を念頭に置いて小国の生き方を高く評価している。

「而して若し国家なるものが国民の安寧幸福を増進するを目的とするなら、それは却つて小国に於て多く達せらる丶のであるまいかと云ふ考が段々に高まつて来た。我輩は欧洲北方の小さな国々を巡り見て、その文化の程度の高いこと、その生活の豊なること、而してその住民の知能の広きこと、一口に云へば民福の多いことは、大国を以て任ずる仏蘭西《フランス》又は独逸《ドイツ》に優つてゐると思ふ。英吉利《イギリス》よりも優るかとも思はれる。況《ま》して大国の中に編入されないで、而も大国たるべく努力してゐる波蘭《ポーランド》、西班牙《スペイン》よりは、たしかに和蘭、スカンヂナビヤの国民が個人として人間として遥に大なる幸福を受け、且つ世界人類に資するところ多大なるの観

がある」(＊18)

なお、新渡戸が英語で書きアメリカで一八九九年に出版した『武士道』は、英語以外にも各国語に訳されているが、一九〇五年にはノルウェーで、一九〇六年にはスウェーデンでも翻訳が出版された。(＊19)

第二次世界大戦と日本―北欧関係

こうして発展してきた日本と北欧諸国との政治関係に暗い影を投げかけたのは、第二次世界大戦（一九三九～一九四五）であった。北欧諸国は第二次世界大戦の勃発に対してすぐに中立を宣言したが、さまざまな形で戦争に巻き込まれることになった。他方、日本はドイツ、イタリアと同盟を結び、一九四一年（昭和一六年）一二月の真珠湾攻撃以後、アメリカをはじめとする連合国と戦うことになった。日本は、大戦を通じて中立を守ったスウェーデンとは外交関係を維持できた。そのため、東京、ストックホルムにある双方の公使館は戦争中も存続した。しかし、一九四五年（昭和二〇年）八月に日本が敗戦し、連合国の占領下に置かれ、外交活動を停止させられたことに伴って両国の公使館はともに閉鎖となる。

一九四〇年にドイツに占領されたデンマークは、一九四一年にドイツと防共協定を結んで日本との関係を維持したが、一九四五年五月にドイツによる占領から解放されると、同月一八日に対日断交を行って在日公使館を閉鎖した。しかし、幸いにしてデンマークは直接日本と戦争状態に入ることはなかった。

同じく一九四〇年にドイツに占領されたノルウェーは、ロンドンに亡命政府をつくり、連合国の一員として活動した。そのため、ノルウェー亡命政府は一九四二年三月三〇日に対日断交を行って在日公使館を閉鎖した。さらに、一九四五年五月にドイツが降伏して占領から解放されると、ノルウェー政府は同年七月六日に日本に対して宣戦を布告し、一九四一年一二月七日以降戦争状態にあると通告した。

ソ連と「冬戦争」(一九三九～一九四〇)、「継続戦争」(一九四一～一九四四)を戦ったフィンランドは、一九四一年に防共協定に加入してドイツと近い関係にあったが、一九四四年九月一九日に連合国と休戦して戦争から離脱し、連合国の管理下に置かれた。それに伴い、フィンランド政府は同月二二日に対日断交を行い、在日公使館を閉鎖した。日本政府も、同年一一月に在フィンランド公使館を引き揚げた。フィンランドは、連合国のソ連と戦ったため、北欧諸国の中で唯一連合国の敵として扱われ、日本と同じ敗戦国の立場に置かれた。(*20)

以上のように、第二次世界大戦の結果、日本と北欧諸国との外交関係は一時的に中断されることになった。

✡ 内村鑑三とデンマーク

では、第二次世界大戦終結までの時期に、日本人は北欧に対していかなるイメージをもっていたのであろうか。この時期に北欧の政治、外交に関して二つのイメージが日本で徐々に形成された。これは、その後にも影響を与えた点で注目に値する。二つのイメージとは、「平和国家という理想主義的なイメージ」と、日本外交にとって情報収集などで死活的重要性をもつ地点という「現実主義的なイメージ」の両極端なものである。

まず、平和国家という理想主義的なイメージについては、主にデンマークをモデルとしており、キリスト教徒の知識人である内村鑑三（一八六一～一九三〇）の『デンマルク国の話』に起源を有する。[5] これは、一九一一年（明治四四年）一〇月二二日に東京柏木の今井館（**ブレイク2**参照）で行われた聖書講義での講演が基になっている。この講演を直《じか》に聞いた第一高等学校の生徒であった矢内原忠雄（一八九三～一九六一、のちに東京大学総長）によれば、内村は「二三日前

（5）同書による日本人のデンマーク理解の問題点については、村井誠人「『デンマルク国の話』と我が国のデンマーク像の変遷」（〈歴史と地理〉第三三九号、一九八三年一一月）、同「祖国復興の英雄?·ダルガスの実像と日本での変容」（百瀬宏、村井誠人編『世界の歴史と文化　北欧』新潮社、一九九六年）が詳しい。

現在の今井館跡地

内村鑑三墓所（東京都立多磨霊園）

（1869～1906）の未亡人より寄付を受けて、1907年（明治40年）、柏木の自宅敷地300坪に今井館という集会所を建てた。この今井館で内村は聖書講義を行い、矢内原忠雄をはじめとする多くの教友が通い、内村から大きな影響を受けることになった。出席者の増加により今井館は改築もされたが、内村死後の1935年（昭和10年）に大久保通りの延伸工事のため取り払われ、敷地のほとんどは道路となった。

1930年（昭和５年）３月28日、内村は心臓病により死去し（享年69歳）、今井館で葬儀が行われた。遺骨は雑司ヶ谷墓地に埋葬されたが、1932年（昭和７年）に多磨墓地（1935年から「多磨霊園」と改称）に改葬された。多磨墓地の墓碑には、内村が自分の墓石に刻むべきものとして自身の英訳聖書の扉に記していた言葉が彫られている。これはまさに、内村の人生を象徴する言葉であろう。

「I for Japan; Japan for the World; The World for Christ; And All for God.」（「我は日本のために、日本は世界のために、世界はキリストのために、しかしてすべては神のために」矢内原忠雄訳）

今井館　　　：東京市外淀橋町柏木919番地（当時）／東京都新宿区北新宿３丁目10―１周辺（現在）

内村鑑三墓所：東京都府中市多磨町４丁目　東京都立多磨霊園８区１種16側29番

全集』（新版）第40巻（岩波書店、1984年）。矢内原忠雄『矢内原忠雄全集』第24巻（岩波書店、1965年）。

ブレイク2　内村鑑三と今井館
――北欧ゆかりの地を訪ねて②――

内村鑑三は1861年3月23日（陰暦：万延2年2月13日）に、江戸小石川の高崎藩武士長屋にて藩士、内村宜之の子として生まれた。明治政府の官吏となった父に従い、石巻、高崎などで幼少時を過ごした。その後、東京の有馬私学校英学科、東京外国語学校に入るが、1877年（明治10年）に奨学生として札幌農学校（第2期生）に転ずる。そこでキリスト教に入信した。盛岡出身の新渡戸稲造は札幌農学校の同級生であり、親交は生涯にわたって続いた。1881年（明治14年）、内村は首席で札幌農学校を卒業した後、北海道開拓使御用係、農商務省御用掛として勤めたが、1884年（明治17年）11月に渡米し、翌年、新島襄（1843～1890）のすすめにより東海岸マサチューセッツ州のアマースト大学に入学し、同校を1887年（明治20年）7月に卒業した。翌年5月に帰国した後に新潟の北越学館の仮教頭になるが、指導方針をめぐる対立からすぐに辞任した。1890年（明治23年）9月、東京の第一高等中学校の嘱託教員となったが、翌年1月、キリスト教の精神から教育勅語の明治天皇署名に礼拝することを拒否した不敬事件を起こし、解職された。その後は全国を転々とし、英学校教師、文筆活動で生計を立てた。1897年（明治30年）1月に新聞〈万朝報〉の英文欄主筆となり、東京に戻った。1900年（明治33年）9月、〈聖書之研究〉を創刊し、無教会主義の布教活動をするかたわら文筆活動も熱心に行った。

内村と北欧とを結びつけた最も有名なものは『デンマルク国の話』であるが、これは、1911年（明治44年）10月22日に東京の淀橋町柏木の今井館で行った講演に基づいている。柏木とは現在のJR総武線大久保駅西側一帯であり、今井館は現在の新宿区北新宿3丁目の一角にあった。内村は、大阪の香料商であった故今井樟太郎《いまいくすたろう》

参考　中沢治樹「内村鑑三と植村正久」（『地図で見る新宿区の移り変わり――淀橋・大久保編――』東京都新宿区教育委員会、1984年）。高木謙次「内村鑑三と今井館」（〈内村鑑三研究〉第22号、1985年4月）。内村鑑三『内村鑑三

より病人（御息女）が容態あしく為に本日は準備もしてなければ一のお話をして今日の説教にかへん、乞ふ諒せられよ」と述べてから、デンマークに関して話し始めたのであった。(＊21)

翌月に、その講演録は〈聖書之研究〉の第一三六号に掲載され、一九一三年（大正二年）には『デンマルク國の話──信仰と樹木とを以て國を救ひし話』（聖書研究社、一九一三年）というタイトルで単行本として出版され、広く読まれることになった。内村死後の一九三二年（昭和七年）には、この話は『内村鑑三全集』に収録され、(＊22)一九三四年（昭和九年）には岩波書店が編集した中学校の国語漢文科用教科書である『國語　巻三』に「興國の樅」として紹介され、より広く知られることになった。(＊23)

内村によれば、デンマークは一八六四年のプロイセン、オーストリアとの戦争に敗北した結果、ユトランド半島の肥沃な土地（いわゆる「シュレスヴィヒ・ホルシュタイン」地方）を失ったが、工兵士官のエンリコ・ダルガスとその長男フレデリック・ダルガスが同半島の荒れ地に植林をする方法を発見したことで新たに農地を生み出し、平和的に国を再建したとされる。内村は、生涯デンマークを訪問することはなかったが、アメリカに留学して英語が堪能であったことから、アメリカの雑誌で間接的にこの話を知ったといわれる。(＊24)しかし、早稲田大学の村井誠人教授（一九四七〜）の研究によれば、ダルガス父子によるこの美談は、歴史的事実というよりも内村自身の創作によるところが大きい。工兵士官であったエンリコ・ダルガス自体は実在の人物であり、そのダルガス（一八二八〜一八九四）は一八六六年にヒースの荒野を開墾するための団体である

「デンマーク・ヒース協会」を設立し、初代会長を務めた。しかし、父の仕事を引き継いだ長男はフレデリックではなくクリスチャンであり、彼らが画期的な植林方法を発見したのではないとされる。また、敗戦による領土喪失が荒野開墾のきっかけでもなかったといわれている。(＊25)

内村は、一九一一年に「デンマルク国の話」の講演をする以前から北欧諸国には好意的な見方をしていた。内村は、著書『余は如何にして基督信徒となりし乎』と『代表的日本人』が北欧各国語で次々に翻訳され、自分の思想が北欧で受け入れられたことを大いに喜び、北欧に親近感を有していた。

まず、『余は如何にして基督信徒となりし乎』は、内村自身の手による英語本『How I Became a Christian: Out of My Diary』として一八九五年（明治二八年）に出版され、一九〇五年（明治三八年）にフィンランド語版とスウェーデン語版が、一九〇六年（明治三九年）にデンマーク語版が出版されている。(＊26) ちなみに、デンマーク語版はデンマーク人の翻訳家であるマリア・ヴォルフ（一八四八～一九一八）により翻訳されている。(＊27) また、『代表的日本人』は、一八九四年（明治二七年）に英語本『Japan and the Japanese（日本および日本人）』として出版され（一九〇八年に『Representative Men of Japan』と改題）、一九〇七年（明治四〇年）にデンマーク語版が出版されている。(＊28) 同書も、マリア・ヴォルフが翻訳している。

一九〇六年、内村は『余は如何にして基督信徒となりし乎』の翻訳がフィンランド、スウェーデンで出版され、デンマークでも準備中であることを喜び、「神は余輩を棄て給はない、曾て京都に在りて窮迫の中に綴りし此著述が十年後の今日余輩に此快報を齎らすの原因とならふとは夢にも思はなかつた、是れが摂理ではないか、然かり奇跡ではないか」とさえ記している。(＊29) デンマーク語訳については、訳者ヴォルフから印刷も終わったとの通知を受け、内村は「茲に於てか余は丁瑪《デンマーク》国のみならず、那威《ノルウェー》国に於て、アイスランド島に於て又多くの教友を与へられんとす」と述べ、この著作が「神の導く所となりて今や北欧諸邦に其行渡るを見るに至れり、驚くべきかな摂理」としている。(＊30)

また、一九〇七年には、内村はデンマークの思想家キルケゴール（一八一三～一八五五）を「余輩の先導者と称すべき者」と紹介した後、「丁瑪国は小国であるなど曰ひて決して侮るべきではない、大なる思想は常に小なる国より出来たる、基督教を産みしユダヤは小国であつた、西洋文明を産みしギリシヤも小国であつた、余輩近頃神の導きに由て丁瑪国と少しく縁を結ぶに至て、其心霊的には遙かに大米国以上の国であることを発見した、彼れクリーケゴールド［キルケゴール］の言の如きは大に余輩を励ます者である」(＊31) とデンマークを礼賛している。

こうした経緯から、内村は北欧諸国に対して好意的な見方を生涯変えることはなかった。たとえば内村は、一九二四年（大正一三年）九月一九日、二一日の〈国民新聞〉(6) に「西洋の模範国デンマルクに就て」という短文を投稿し、自著『余は如何にして基督信徒となりし乎』と『代表的日本人』がデンマーク語、スウェーデン語、フィンランド語に訳されたことに触れ、「私は自分の生れた日本に於てよりも、北欧諸邦に於てより多くの知己を有するに至つた。私は信じて疑はない。日本人が丁抹《デンマーク》を慕ふより前に丁抹人は日本を慕うて居る、そして日本人が丁抹を知るよりも遥か以上に丁抹人は日本に就いて知つて居る事を」と述べている。さらに内村は、「日本人は今日まで小国と称して此国を侮つて来た。是れ我等に取り大なる恥辱である。今に至りて目覚て、大に此西洋の模範国より学ぶべきである。丁抹は理想の農民国である。大国家は農を以て成立し得べしとは丁抹が世界に教ふる所である。大国家たらんと欲すれば、英国の如き商業国、又は米国の如き工業国たらざるべからずと思ふは大なる間違である。（中略）日本は元来農本国である。今より大に丁抹国に学んで、農を以て強大なる平和的文明国たるべきである」と結んでいる。(＊32)この農業国日本を実現するため、内村はデンマーク流の農学校の必要性も認識していた。(＊33)

死去する四年前の一九二六年にも、内村は「我等日本人は、昔の希臘《ギリシャ》、今の丁抹の如く小国たりと雖も偉大国たり得ることを忘れてはならない」と述べたり、(＊34)「日本は大国であつて亦小国である。軍事的には確かに大国である。世界第二等の海軍を有し、第一等の陸軍を蓄ふ。軍事的に見たる日本は恐るべき国である。そして是れ必しも悪い事でない。然し乍ら思想的に見たる日本は誠に貧弱である。思想の点より見て日本は那威、瑞典、丁抹、瑞西《スイス》等の小邦に及ばない。思想的に見たる日本は確かに小国である」と述べている。(＊35)

（6）〈国民新聞〉は、一八九〇年（明治二三年）に新聞人、徳富蘇峰《とくとみそほう》（一八六三〜一九五七）により創刊された日刊新聞。一九四二年、戦時下の新聞統合政策により〈都《みやこ》新聞〉と合併し〈東京新聞〉となった。

以上のように、内村は北欧諸国を高く評価していたのである。その中でも、とりわけデンマークは、その農業や思想を通して平和的な文明国を実現していると見ていた。

農業、国民高等学校（フォルケホイスコーレ）への関心

内村の紹介以後、デンマークの農業、さらにその担い手の国民の教育機関としての役割を果たした国民高等学校（folkehøjskole）にも関心が集まり、北欧を訪問する日本人も現れた。一九二〇年代には数多くのデンマーク農業に関する文献が出版される一方、愛知県碧海《へきかい》郡一帯（現安城《あんじょう》市一帯）は明治用水(7)の開設により多角形農業(8)が発展し、「日本デンマーク」と呼ばれることになった(*36)。たとえば、大日本農政学会が発行した機関誌〈農政研究(9)〉一九二六年（大正一五年）五月号は、「日本の丁抹《デンマーク》號」という特集を組み、碧海郡の農業を大きく取り上げている。

同地の農業は、デンマーク農業を模したものでも、それと同じ構造をもったものでもなかった。では、なぜ「日本デンマーク」と呼ばれたのであろうか。それについては以下のような説明がある。

「それが、そんな呼称がされたということは、むしろ、〝農民たちの開拓への努力〟といった点に共通点が見出されたのであろう。明治用水開設前の原野が、数十年のあいだに見渡す

限り田地として変貌した――そのめざましい開拓の足跡が、一八六四年の敗戦後、荒野を緑地化していったというデンマークの事例と重複して見られることになったのであろう(*37)」

このように、内村の影響は日本の農村地域にも見いだすことができるのである。

宗教面から、北欧に関心をもつ者も現れた。キリスト教の牧師であると同時に、社会運動家であった賀川豊彦《かがわとよひこ》(10)は、プリンストン大学、プリンストン神学校で教育を受けたこともあり、その後

---

(7)　明治用水は、愛知県の安城市を中心とする碧海台地を流れる用水で、一八八〇年(明治一三年)に完成した。これにより、荒れ地であった同地で農業が飛躍的に発展した。

(8)　「多角形農業」とは、自然災害や価格変動の危険を分散させ、農家の労働力を適切に配分することを目的として、米作のほか、養鶏、養蚕、野菜栽培、果樹栽培、加工などを行う農業経営をいう(安城市史編さん委員会編『安城市史』愛知県安城市役所、一九七一年、九三五~九三六ページ)。

(9)　一九二二年(大正一一年)、地主対小作の争議が社会問題となる中、国会議員、農政記者、学者らが農村問題を議論する場として大日本農政学会を設立し、機関誌〈農政研究〉を発行し始めた。この雑誌は一九四〇年(昭和一五年)まで続き、その後、〈農村文化〉、〈現代農業〉という名の雑誌に引き継がれた(農文協図書館ホームページ〈http://www.ruralnet.or.jp/nbklib/nbk/gn1.html〉)。

(10)　賀川豊彦(一八八八~一九六〇)は、神戸神学校生時代から神戸のスラムに住み込み、救済活動を展開し、アメリカ留学(一九一四~一九一七)後は、労働運動、農民運動、普通選挙権獲得運動、生活協同組合運動など幅広く社会運動を行った。また、生涯を通じてキリスト教の伝道を国内外で行った。

も海外を訪問して講演を行う機会が多かった。一九二五年（大正一四年）五月にはアメリカ再訪後にヨーロッパに渡り、デンマークも訪問した。賀川は積極的にデンマーク各地のフォルケホイスコーレを訪れ、大きな感銘を受けている。

ハスラウ（シェラン島南部）のフォルケホイスコーレを訪問した際には、「畜産室の奇麗なことに、私は驚いた。それは、私が長年住んでゐた、神戸葺合新川の人間の住む二畳敷長屋より、数等衛生的なものであつた。私は、デンマークの豚は、日本の人間より善き境遇に居ると思ふて、デンマークの豚を羨んだ。これなればこそ、世界一のベーコン（豚肉の燻製）も出来るのだと、私は感心したことであつた」とショックを受け、さらに「デンマークにくると、まるで、永遠の若返りの国に来たやうな気がする。見ること聞くことがみな物珍らしいことばかりであつた。つまり欧洲の大国のやうに戦争ばかりして居らないものだから、全精力を国民生活の向上に傾倒し得られると見える」と述べている（*38）。

各地を回った結果、賀川はその背景として宗教に注目し、以下のように語っている。

「デンマークの農村が今日のように善くなつたのは、全く宗教のお蔭です。（中略）私はデンマークの農民学校のあまりに宗教的なのに驚いてしまひました。日本のミッシヨン・スクールでもあれ以上に宗教的ではあり得ません。デンマークでは宗教は生きて居ます。デンマークの農村問題は統計や数字で表せない所に、秘訣が横倒つて居ります」

「私は繰返して申します。デンマークの農村問題は、数字や統計の問題ではありません。それは根底に於て、精神主義的なものです。日本がいくら表面だけを模倣してもそれは、迚《とて》も成功は覚束なうございます。問題は、愛の社会組織です。つまり一致です。協力です。愛です。理想です。努力です」(*39)

さらに賀川は、ヨーロッパにおける大国、小国についても言及している。

「ヨーロッパの大きな国は、殖民地の掠奪に一生懸命になり、互に闘争するために、二千五百万人の生霊を犠牲にして、なほ惜しいと思つて居ない間に、デンマークは戦を超越して、愛の社会組織に努力して来たのです。

私は思ひました――ヨーロッパを見ようと思へば大きな国を見てはならないと。ヨーロッパの小さい国ほど、よく治まつてゐます。私は、ベルギーとオランダとデンマークを見たことを、ほんとにうれしく思つてゐます。それ等の国を廻つて、私は、ほんとのヨーロッパに来たやうな気がしました。イギリスやフランスやドイツは、ヨーロッパではありません。あれは地獄です」(*40)

これらの言葉は、賀川にとってデンマークの印象がいかに強かったかを物語っている。

一九三六年（昭和一一年）にも賀川は訪米後にヨーロッパへ行って数多くの国を訪問したが、(*41)その中にはノルウェー、スウェーデン、フィンランド、エストニア、ラトヴィアもあった。この時期、賀川は協同組合運動などの点からスウェーデンにも関心を深め、アメリカ人ジャーナリストのM・W・チャイルズ（一九〇三～一九九〇）が一九三六年に出版した『中庸を行くスヰーデン』を翻訳し、一九三八年（昭和一三年）に出版している。当時、原著はスウェーデン社会の紹介として世界的に注目を浴びていた本であった。賀川は、この翻訳の「譯者序」において、スウェーデン訪問で得た印象を交えて「世界に珍らしい道徳國」としてスウェーデンをやや大げさに紹介し、最後に「平和二百年、このスヰーデン國は地球の表面に於て最も理想に近い、社會的水準を我々に示してゐると考へざるを得ない。東洋平和の實現に努力してゐる日本は、大にスヰーデンに學ぶところがなくてはならぬ」と結論づけている。(＊42) その意図は、訳書のサブタイトルに「世界の模範國」とあるところにも見いだすことができよう。

付け加えれば、第二次世界大戦後の一九五〇年（昭和二五年）にも、賀川はイギリスを訪問した後にデンマーク、スウェーデン、ノルウェーを訪問している。(＊43)

このように、たびたび北欧を訪れた賀川は、各地の教会、学校、協同組合、工場などを視察するとともに、滞在中は毎日のように精力的に講演や説教活動を行った。その規模は、数十人程度から一万五〇〇〇人にも及ぶものであった。それは、基本的にキリスト教の布教活動の一環であったが、同時に北欧の人々に、「日本」および「日本人」という存在を伝えることにもなったであろう。

デンマークを中心とする北欧諸国の宗教、教育への関心は、賀川以外にも広がることになった。

たとえば、当時逓信省の技官であった松前重義《まつまえしげよし》（一九〇一〜一九九一）は、一九二五年（大正一四年）に内村の主宰する聖書研究会に参加するようになり、内村の話からデンマークへの関心を深めた。(*44) ドイツ留学中の一九三四年（昭和九年）一月〜二月には、松前は実際にデンマークを訪問している。松前は、「デンマークは、内村鑑三先生の講話や著書類などを通して私が想い描いていたより以上に、グルントゥイ(11)［グルントヴィ］の理念すなわち人生観・歴史観・世界観と実践の影響力が国民教育および農産振興の面に浸透し、驚くべき成果を示した国であった」との印象を受け、「デンマークのこうした情熱溢れる国家再興のありようのすべてを把握し吸収しようと」、各地のフォルケホイスコーレやコペンハーゲン大学を訪問した。(*45)

松前は、レディング・フォルケホイスコーレの校長からデンマークをいかに見るかと問われ、「シュペングラー(12)は欧洲は夕の国であると言った。然しこれはドイツ以南の所謂物質文化の影響に蹂躙せられた国家に就てであって、デンマークの如きキリスト教の信仰と教育を国の礎となす国家に就てではない事が解った。デンマークは欧洲の光であり、将来の真の指導者たるべき国である」と答えている。また、家族への便りや帰国後にまとめた所感においても、松前は「欧州の

---

(11)　グルントヴィ（一七八三〜一八七二）は、デンマークの宗教家。彼の構想により、ユトランド半島南部のレディングに最初のフォルケホイスコーレができた。清水満『改訂新版　生のための学校――デンマークで生まれたフリースクール「フォルケホイスコーレ」の世界』（新評論、一九九六年）なども参照。

(12)　シュペングラー（一八八〇〜一九三六）は、ドイツの歴史哲学者。主著に『西洋の没落』がある。

将来の支配者は北欧でしょう」、「将来欧州を指導するものは北欧デンマーク、スウェーデン等です」、「実にデンマークは世界の指導的国家です」、「……其の生ける信仰の上にガッチリと静かに、平和に、力強く神の与え給いし使命に精励しつつある所謂北欧小国こそは、欧州の光であり人類の希望である」と述べ、デンマークへの思い入れを一層深めている(＊46)。

このように信仰と教育も加わり、平和的な農業国家デンマークのイメージは日本において強化されたのである。松前の場合、デンマークから受けたインスピレーションは、第二次世界大戦後に東海大学創設という形で発展を遂げていくことになった。

長谷川如是閑とデンマーク

このイメージづくりに貢献した別の事例としては、大正デモクラシーで指導的な役割を演じたジャーナリスト、思想家、長谷川如是閑《はせがわにょぜかん》（一八七五～一九六九年）によるデンマーク紹介も挙げられよう(＊47)。長谷川は、一九二九年（昭和四年）に雑誌〈我等〉において、戦争の危険という「火の手の風上にあるのはデンマーク位なものだらうといふことである」と述べ、その一例としてデンマーク人の陸軍大将フリッツ・ホルムが起草した「戦争を絶滅させること受合ひの法律案」を紹介している（一八四ページに、資料として全文を収録）。

その法律案というのは、戦争開始あるいは宣戦布告後、一〇時間以内に国家の男性元首（君主、大統領）、元首の一六歳以上の男性親族、総理大臣・国務大臣・次官、戦争に反対投票をしなかった立法部の男性代議士、戦争に反対しない僧正・管長・高僧を最下級の兵卒として最前線に送り、実戦に従わせ、さらに上記有資格者の妻、娘、姉妹なども看護婦、使役婦としてもっとも砲火に接近する野戦病院に勤務させることを提案していた（なお、原典では元首、君主にあたるところは伏字となっているが、文脈から容易に想像できる）。

長谷川はこの法案を名案としつつも、各国にこれを採用させるためには、ホルム大将に「戦争を絶滅させること受合の法律を採用させること受合の法律案」を起草してもらわねばならないと、この短いエッセーを結んでいる。この紹介は、現在においてもきわめて大胆な提案であり、当時としては衝撃的な内容であったと思われる。

実際に、この長谷川のエッセーは第二次世界大戦後、政治学者の丸山眞男（一九一四～一九九六年）によって取り上げられている。丸山は戦争と人民との関係について説明する中でこれに触れ、「……この冗談な『法案』のなかに含められた真実――戦争が誰によっておこされ、しかも被害を受けるものは誰であるかということについてのむごい真実を何人も否定できないでしょう」と述べている(*48)。

なお、長谷川がこのフリッツ・ホルムの話をいかにして入手したかは不明である。また、フリッツ・ホルムというデンマーク人がいかなる人物であるかも分からなかった。デンマークで発行された当時の紳士録およびデンマーク軍の人名録を調べても、デンマーク陸軍大将のフリッツ・ホルムという人物は発見できなかった。しかし、これに該当しそうなフリッツ・ホルムという人物がまったくいないわけではなかった。一九三六年発行の『デンマーク人名辞典』(＊49)には、フリッツ・ホルム(一八八一〜一九三〇)というデンマーク人ジャーナリスト、作家を掲載している。それによれば、ホルムは非常に多彩な経歴のもち主であり、日本にも滞在したことがあるとなっている。また、一九一九年にモンテネグロの砲兵隊中将に任命されていたことから、軍人としての肩書きを使ったとしても不自然ではない(13)。長谷川の引用したフリッツ・ホルムが実在の人物とすれば、このデンマーク人ジャーナリストである可能性が高いと考えられた。

その後も調査を続けたところ、長谷川がエッセーの基として引用したと思われる文書を入手した。それは、フリッツ・ホルムが一九二八年六月付けで発表した「法案、国家間の戦争を防止する法の制定、公布、施行」というタイトルの文書(B4サイズ大の用紙一枚)である(＊50)。同文書が第三版とあることから、長谷川が異なる版を利用した可能性も十分ありうる。この文書の中には、長谷川が提案した戦争防止の方策が含まれている。なお、このフリッツ・ホルムの肩書きは大将ではなく中将である。文書中のフリッツ・ホルムの肩書き、学歴、所属と前述の『デンマーク人名辞典』のフリッツ・ホルムが出版した著作の著者紹介(＊51)とを比較すると、両者が同一人物であるとほぼ断定できる。

明石元二郎、小野寺信とスウェーデン

以上の平和国家という理想主義的なイメージに加えて、日本外交にとって欠くことのできない拠点という現実主義的なイメージも同時につくられている。それは、日露戦争（一九〇四～一九〇五）に端を発する。[*52] 前述のように、日本と北欧諸国との外交関係は早々に樹立され、使節の交換も行われたが、北欧各国への日本の特命全権公使はほかのヨーロッパ諸国に駐在する特命全権公使が兼任していた。スウェーデンは在ロシア特命全権公使が使節交換開始以来、兼轄していた。

しかし、一九〇四年（明治三七年）に日露戦争が勃発すると、日本政府は北欧で初めてスウェーデンに公使館を設置し、情報収集の拠点にしたのである。在ロシア公使館付陸軍武官であった明石《あかし》

---

(13)　ホルムはデンマーク海軍で教育を受けた後、語学の才能を発揮し、一九〇〇年デンマークの東アジア会社に入社した。上海に二年滞在した後、ジャーナリストとなり、横浜の英字新聞〈ジャパン・デイリー・アドヴァタイザー（The Japan Daily Advertiser）〉に雇われたこともある。一九〇七年には中国内陸への探検隊に参加し、中国における初期キリスト教ネストリウス派の遺跡を調査した。その後、アメリカでジャーナリストをしたり、第一次世界大戦中はアメリカ海軍に航空隊を創設することに尽力した。一九一九年には、モンテネグロの砲兵隊中将、終身大臣に任命されている。一九二三年からパリに住み、一九二八年にアメリカ人の妻が死去した後アメリカに戻り、一九三〇年にニューヨークで死去した。

元二郎《もとじろう》大佐（一八六四〜一九一九）は、戦争の勃発とともに在スウェーデン公使館付陸軍武官に移動する。明石は、中立国スウェーデンを拠点にヨーロッパ各地でロシア関連情報を収集し、さらにロシア帝国下のフィンランド、ポーランドの革命勢力に援助してロシア政府転覆を図ろうとしたのである。

このように、ロシアに近接するスウェーデンは日本にとってきわめて重要な地点に位置したのである。こうした発想は、ロシア帝国が革命により崩壊し、社会主義国のソ連が成立したためにその後一層強化されることになる。ロシアから一九一七年に独立したフィンランド、一九二〇年に完全に独立を果たしたエストニア、ラトヴィア、リトアニアのバルト三国もソ連情報の収集拠点として日本政府は重視し、これらの地にも在外公館を置いた。すなわち、フィンランドについては、当初、在スウェーデン特命全権公使に兼轄させていたが、一九三六年（昭和一一年）に公使館を設置した。ラトヴィアには一九二九年（昭和四年）に公使館を設置し、この在ラトヴィア公使館に一九三七年（昭和一二年）以降、エストニア、リトアニアを兼轄させていた。

リトアニアには、一九三九年に在カウナス日本領事館領事代理として杉原《すぎはら》千畝《ちうね》（一九〇〇〜一九八六）が派遣された。杉原は、一九四〇年（昭和一五年）七月から八月に多くのユダヤ人に日本の通過ビザを発給して彼らの命を救ったことで有名であるが、彼はロシア語の専門家としてその地でソ連情報収集の任務を与えられていたのであり、一九三七年からカウナス赴任まではヘルシンキの在フィンランド日本公使館に通訳官として勤務していた。(*53)

これらからも分かるように、北欧諸国、さらにバルト三国は、日本外交にとって当時は重要な位置を占めていたのである。

この北欧の重要性は、第二次世界大戦においても再認識された。一九三五年（昭和一〇年）から一九三八年（昭和一三年）まで在ラトヴィア公使館付陸軍武官を務めてソ連情報を収集した小野寺信（一八九七〜一九八七）は、一旦帰国した後、一九四〇年（昭和一五年）に中立国スウェーデン駐在の公使館付陸軍武官（大佐、のちに少将）としてストックホルムに着任し、戦争終結まで同地でソ連、ドイツ、連合国に関する情報収集を行った。また、日本の敗北が必至と見た小野寺は、一九四五年（昭和二〇年）五月に独自にスウェーデン王室を通じた和平の可能性を探ったが、これは失敗に終わっている。同時期、日本外務省は東京に駐在していたスウェーデン公使バッゲ（一八八六〜一九七〇）を通じた和平を模索していたが、これもソ連を通じた和平工作を最優先する日本政府の方針により失敗している。(＊54)

同年八月一〇日には、戦争継続を不可能と判断した日本政府は、加瀬俊一《かせしゅんいち》在スイス公使（一八九七〜一九五六）と岡本季正《おかもとすえまさ》在スウェーデン公使（一八九二〜一九六七）に電報を打ち、ポツダム宣言受諾に際しての日本政府の希望を両中立国政府経由で連合国に伝えた。すなわち、天皇の国家統治の大権に変更がないとの了解をスイス政府経由でアメリカ政府、中国政府に申し入れさせ、同時にスウェーデン政府経由でイギリス政府、ソ連政府に申し入れさせたのである。加瀬、岡本両公使から東京にもたらされた連合国の回答と関連情報は、ポツダム宣言の受諾に決定的な意味をもった。(*55) 戦時下におけるスウェーデンの位置づけから、同国がスイスとともに外交上きわめて重要な国であったことがうかがえる。

分裂した二つのイメージ

以上のように日本では、北欧についてのどかな平和国家というイメージが流布する一方で、外交上きわめて重要な拠点としてのイメージも存在したのである。前者は、北欧に対する情報不足を背景に知識人を中心に一般国民が素朴にもっていたイメージであり、北欧へのあこがれを助長するきっかけとなった。それに対して後者は、日本政府、軍部という一部の政策決定者が外交政策の遂行という現実の要請に迫られて北欧を舞台に活動する中でつくられたイメージであったということができよう。そのため、この二つのイメージは相互に影響しあうことはなく、それぞれの側において独自に発展を遂げた。北欧に対するこうした両極端なイメージは、第二次世界大戦後も形を変えつつ繰り返し現れることになる。

第2章

関係再開とあこがれの高まり

——第二期：一九四〇年代後半〜一九五〇年代——

「おじさん、日本もデンマルクのようにならなければなりませんね。ぼくたち、がんばりますよ」（小学校教科書『緑の国　新国語五年上』）

「日本は世界最初の原子爆弾の天刑を見舞われた國として、武装を放棄せる國家たることを名誉と考え、賢明なるスエーデンやスイツツル〔スイス〕のごとく、一切の國際紛争に超絶して、永世局外中立の立場を守り抜くことが必要であると確信いたします」（帆足計参議院議員、一九四九年〔昭和二四年〕四月七日、参議院本会議）

「憲法のなかで立派に戦争放棄を誓つて再出発した日本のゆき方のうえに、スウェーデンはたしかに尊い示唆を投げているのだ！」（衣奈多喜男「譯者あとがき」、ベルナドット『幕おりぬ――ベルナドット伯手記、ヨーロッパ終戦秘史――』）

政治経済関係の再開

この時期、日本－北欧諸国間の実際の政治関係はいかなるものであったのであろうか。日本は一九五一年（昭和二六年）九月八日に対日平和条約（以下、サンフランシスコ平和条約）を締結し（一九五二年四月二八日発効）、ようやく連合国による占領状態を脱し、国際社会に復帰することになった。しかし、平和条約自体がソ連をはじめとする東側諸国を除外したものであり、また平和条約と同日に日米安全保障条約が結ばれたことに見られるように、日本は冷戦下でアメリカを盟主とする西側陣営を選択したのであった。アメリカとの関係を最優先する日本の外交方針は、ヨーロッパとの関係を第二義的なものにした。第二次世界大戦以前のように、欧米列強に伍して帝国を維持するためにヨーロッパをはじめ世界に独自の情報網を張り巡らせた時代とは異なる状況となった。無論、西側陣営に加わったヨーロッパの同盟諸国、さらに中立諸国との外交関係は日本にとっても必要であり、占領終結とともに次々に復活した。しかし、それは基本的に友好関係の維持、増進の域をでないものであった。

日本と北欧諸国との外交関係は、一九五二年（昭和二七年）四月二八日のサンフランシスコ平和条約の発効とともに次々に回復した(*1)。デンマーク、ノルウェー、スウェーデンとは同日に外交関係が再開され、すぐに特命全権公使の交換も始まった。日本外務省は、すでに一九五〇年一二月に在ストックホルム在外事務所長として結城司郎次《ゆうきしろうじ》（一九〇一〜一九六八）を派遣しており、一九五二年五月にそのまま結城が戦後初代の特命全権公使に就任した。在スウェーデン日本公使は、一九五七年一月まで在デンマーク日本公使、一九五九年六月まで在ノルウェー日本公使を兼任していた。なお、在スウェーデン日本公使館は一九五七年一一月に、在デンマーク日本公使館と在ノルウェー日本公使館は一九五八年四月に大使館に昇格した。一九四四年に独立したアイスランドと日本との外交関係は、一九五六年（昭和三一年）に樹立された。フィンランドとは一九五二年八月に双方で総領事を任命することで合意し、関係が再開された。日本政府は「正式外交を回復して公使館を設置したい意向を表明したが、正式外交関係の再開は、フィンランドがソ連にたいしデリケートな関係にあるため、フィンランド側で希望せず、フィンランドは事実上の国交再開を希望した」のである。(＊2)

ようやく一九五七年（昭和三二年）に日本の提案で、日本、フィンランド双方の総領事館は公使館に格上げされ、正式な外交関係の樹立を見た。日本政府はフィンランドと国交を回復し、公使を交換する必要性を痛感した理由として「（一）両国の間には解決を要すべき何等の懸案なく、（二）日芬間の関係はフィンランドの伝統的親日感情に基いて、政治、経済及び文化の面で益々発展しつつあり、（三）同国の国際的地位は五五年十二月の同国の国連加盟とともに頓に向上しつつあり、現在は大使交換国が十カ国、公使交換国が約三十カ国に達してをり、かつ（四）同国の対ソ情報蒐集、ソ連事情調査研究上の意義がますます大となっていること」を挙げ、さらに

「日ソ復交成り、フィンランドが対ソ関係を顧慮する事情も漸く消滅し、日芬外交関係を再開し、公使を交換するための交渉に入るべき好機と思料される」としたのである。(*3)

上記理由の(四)は、戦前の現実主義的北欧観を彷彿させるものであり、日本政府の一部にこうした見方が依然として根強かったことは特筆に値する。

また、日本と北欧諸国間の経済関係の再開については、基本的に戦前の通商航海条約を復活させて処理したが、連合国の一つであったノルウェーはサンフランシスコ平和条約第七条の規定に従って戦前の条約を復活させることを望まず、新条約の締結を日本に対して通告した。交渉の末、新しい通商航海条約は一九五七年(昭和三二年)二月二八日に東京で調印された。本文一九条と付属議定書からなるこの条約は両国間の貿易を維持発展させるものであり、原則として、無条件の「最恵国待遇」あるいは「内国民待遇」(1)を相互に与えることが規定されている。ただし、ノルウェーがほかの北欧諸国に与える特恵は最恵国待遇の例外とされている(付属議定書第六項)。この点は、交渉で最後まで争点として残ったが、「北欧諸国間の民族的、地理的、歴史的な特殊の連帯関係に起因するものであり、ノールウェーと他の国との条約においても例外として留保さ

(1)「最恵国待遇」とは、通商条約などの条約において一方の締約国がその領域内で第三国に与えているもっとも有利な待遇を他方の締約国にも与えること。「内国民待遇」とは、条約の一方の締約国がその領域内で他方の締約国の国民や産品に自国民、自国産品と同等の権利を与え、差別的な待遇をしないこと。

れているので」(*4)、日本政府はこれに同意した。この条約は、第二次世界大戦後に日本が締結した包括的な通商航海条約のうち、日米友好通商航海条約(一九五三年四月二日調印)についで二番目に結ばれた条約であった。

このように、一九五〇年代に、日本と北欧五ヵ国間で外交関係、経済関係が再開あるいは開始された。これによって、連合国の日本占領により中断された日本―北欧関係を発展させるための基礎固めが行われたといえよう。しかし、戦前とは異なり日本の国力の低下は顕著であり、日本外交にとって北欧諸国の重要度は高くなかった。基本的に、西欧の友好国の一つにすぎなかった。ただし、上述のフィンランドに見られるように、北欧諸国はソ連に隣接するため、ソ連情報の収集という点で日本政府は北欧諸国に一定の関心を寄せていたことは事実であろう。

日本―北欧航空路の開拓

一九五一年(昭和二六年)四月、デンマーク、ノルウェー、スウェーデン三国の共同出資のスカンジナビア航空(SAS)は日本に乗り入れを開始し、日本―北欧間の交通を円滑にした。それは、占領下で施行されていた「外国人の国際航空運送事業に関する政令」(一九五一年五月四日付政令第一三三号)によりスカンジナビア航空に認められた日本への乗り入れ権に基づく措置であったが、一九五二年四月にサンフランシスコ平和条約が発効することに伴い、この乗り入れ権は失効することになった。同条約第一三条（b）項は、連合国に対しては、国際民間航空運送に関する協定が締結されるまで不利でない待遇を四年間与えるという猶予を認めていた。スカンジナビア航空の出資国のうち連合国であったノルウェーにはこれが適用されるが、デンマーク、スウェーデンにはこれが適用されないため、スカンジナビア航空は平和条約の発効とともに乗り入れ権を失いかねない状況となった。

デンマーク、スウェーデン政府と交渉した日本政府は、一九五二年（昭和二七年）二月、できるかぎり速やかに「双務的な航空協定」を締結することを条件に、スカンジナビア航空の有する既得権を平和条約発効後、最長限一ヵ年以内認めるとの方針を立てた。(＊5) 日本政府は日米航空協定、日英航空協定を優先して締結し、基本的にそうした先例を踏襲する形でデンマーク、ノルウェー、スウェーデン三国との交渉を進め、一九五二年一二月一七日から一九日に日本の在外公館のあったストックホルムでこれら三国と合同で最後の詰めの交渉を行い、協定に仮調印した。日本側代表団の代表は、在スウェーデン特命全権公使の結城司郎次が務めた。日本側代表団の一員によれば、「会議の雰囲気は終始友好的であって険悪なる空気におちいったことは一度もなかった」。

北欧側はこの協定により世界一周ルートができ、さらに北極圏ルートも将来的には可能になるためきわめて喜んでいる（アメリカとの折衝の必要があるので、新聞発表では北極圏ルートについては言及されず）。他方、日本側は、「差し当って何等利益を得ることはなくてもスカンヂナヴィア諸国との友好関係を更に促進したものとして有意義であったと考へられる」と見ていた。さらに、この北欧との交渉で日本側は、アメリカ、イギリスの規定の仕方とは異なり、国際航空で空の自由をできるだけ多くとろうとする北欧のやり方を知り、アメリカ、イギリス流のやり方をとるのか、北欧流のやり方をとるのか、よく考える必要があると総括している。(＊6)

　このように、独立回復後の日本にとって、北欧三国との航空協定交渉はきわめて刺激的であった。一九五三年（昭和二八年）二月、日本は三国それぞれと航空協定に最終的に調印した。これによって、スカンジナビア航空は日本と北欧を結ぶ路線を継続して運行することになった。しかし、それはインド、タイなどを経由する南回り便であり、ストックホルム―東京間に五〇時間以上も要するものであった。そのため、スカンジナビア航空は航空協定交渉でも出ていた新たな航空路の開拓に乗り出し、一九五七年（昭和三二年）二月、ほかの航空会社に先駆けてコペンハーゲン―東京間の北極圏航路（アラスカ・アンカレッジ経由）を開設した。その結果、コペンハーゲン―東京間の所要時間は三二時間に短縮され、日本と北欧諸国との距離は著しく接近するに至ったのである。(＊7)

　同年二月二四日の羽田発の開設便には三笠宮《みかさのみや》崇仁《たかひと》殿下（一九一五～）ら四五人の招待客が搭乗し、同日のコペンハーゲン発の開設便にはデンマークのアクセル殿下(2)とH・C・ハンセン首相兼外相(3)、ノルウェーのランゲ外相(4)、スウェーデンのリンデル無任所相(5)らが搭乗し、双方の国を訪問しあった。なお、両機（プロペラ機のＤＣ―７Ｃ）は北極上空で正確にすれ違い、その際、ハンセン首相の挨拶が無線で日本からの便に流された。このときの所要時間は、コペンハーゲン行きが三二時間四五分、東京行きが三五時間三七分であった(*8)。

ハンセン首相兼外相の訪日は、北欧の政府首脳としては初めてのものであった。ハンセンは、東京滞在中、就任直後の岸信介《きしのぶすけ》首相(6)らと会談するとともに日光なども訪れている(*9)。帰国後の三月二六日、デンマークに駐在する日本公使がハンセンを訪問して日本訪問の感想を聞いたところ、ハンセンは、「皇室初め官民の心からなる歓待を受け非常に喜んでゐる」、「岸総理にも逢ったし、三木《みき》［武夫《たけお》、一九〇七～一九八八、のちに首相］幹事長が二次会へ連れて行って呉れたのは有難かった」と述べ、満足の様子を示している。京都、大阪に行けなかったことは「残念だった」と

---

(2)　アクセル殿下（一八八八～一九六四）は、デンマーク国王クリスチャン九世の孫。

(3)　ハンセン（一九〇六～一九六〇）は、一九五三年から外相（一九五八年まで）を務めていたが、一九五五年にヘーズトフト首相が急死したため首相となり、一九六〇年に自らも病気で急死するまで首相を務めた。

(4)　ランゲ（一九〇二～一九七〇）は、一九四六年から一九六三年まで、一九六三年から一九六五年まで外相を務めた。

(5)　リンデル（一九〇四～一九九三）は、一九五一年から一九五七年まで無任所相、一九五七年から一九五九年まで法相を務めた。

(6)　山口県選挙区選出の岸信介（一八九六～一九八七、自由民主党）は、石橋湛山内閣で外相を務めていた一九五七年（昭和三二年）に首相の病気により急遽首相に就任した。一九六〇年（昭和三五年）に日米安全保障条約改定問題による混乱の受けて辞任した。

ＳＡＳ北極圏航路開設便東京到着

岸・ハンセン会談（右はクルーセ在日デンマーク公使）

H. C. Hansen, *Blandt nye Naboer,* København: Forlaget Fremad , 1957より

しつつも、日光ではデンマーク国王(7)が皇太子時代に泊まったのと同じ宿舎に泊まったことを披露している。なお、「東京の騒音には閉口した」とある。(*10)

また、ノルウェーのランゲ外相は、日本滞在中に前述の日本－ノルウェー通商航海条約に調印し、両国の経済関係を緊密にする基礎を築いたのである。

こうした交通網の整備にあわせて、日本政府は一九五八年（昭和三三年）までにスウェーデン、デンマーク、ノルウェー、フィンランドと「査証相互免除取極」を次々に締結した。これは、双方の国民が職業または生業に従事する意図をもたないかぎり、三ヵ月以内の滞在の場合は無査証で相手国に入国できるというものである。(*11)アイスランドとは、同取極を一九六六年（昭和四一年）一一月に結んでいる。

このように、一九五〇年代に日本と北欧は、物理的にも近い存在になっていたのである。それに合わせるかのように、「バイキング料理」という北欧料理が日本に導入され、定着した（**ブレイク3**参照）。この料理の名前は、北欧＝バイキングというステレオ・タイプの見方を日本で強める結果を生み出したかもしれない。

（7）国王フレゼリク九世（一八九九～一九七二、在位一九四七～一九七二）は、皇太子時代の一九三〇年（昭和五年）三月に弟のクヌーズ殿下と前述のアクセル殿下とともに親善のため日本を訪問した。

smorgåsbord　写真提供：レストラン　ストックホルム

国ホテル支配人（1887～1981）は、ちょうどスカンジナビア航空（ＳＡＳ）により開設された東京－コペンハーゲン間の北極航空路便でコペンハーゲンを訪れ、「スメルゴスボード」に出会った。すぐに犬丸支配人は、フランスで料理修行中であった帝国ホテルのコック（のちに総料理長）である村上信夫（1921～）にこの料理をマスターするよう特命を与えた。村上は、本場の「スメルゴスボード」を学ぶためコペンハーゲンに修行に行っている。

この時期、スカンジナビア航空の北極航空路便の開設に見られるように、日本人にとって北欧が身近に感じられ始めていたこともあり、この料理は大成功を収め、その後、名前とともに日本中に普及し、「バイキング」は食べ放題を意味するようになった。現在では、北欧の「スメルゴスボード」により忠実な料理を提供するレストランも現れている。

帝国ホテル　：東京都千代田区内幸町１－１－１
〈http://www.imperialhotel.co.jp〉
レストラン　ストックホルム　：東京都千代田区永田町２－14－３
赤坂東急プラザ１Ｆ　TEL 03-3509-1677
〈http://www.stockholm.co.jp〉

ブレイク3　「バイキング料理」と日本
――北欧ゆかりの地を訪ねて③――

日本では北欧料理というと、すぐに「バイキング料理」が思い浮かぶ。しかし、北欧のレストランにおいて「バイキング料理」を注文しても、そのような名前の料理はないと言われるであろう。というのも、これは日本生まれであり、日本でしか通じないからである。

では、北欧に「バイキング料理」に該当するものはないのかといえばそうではない。「スメルゴスボード（smörgåsbord、直訳するとオープンサンドイッチのテーブル）」（スウェーデン語）、「スメアゴスボア（smørgåsbord、直訳はスウェーデン語と同じ）／コルト・ボア（koldt bord、直訳すると冷たいテーブル）」（デンマーク語）といわれるものが、冷たい魚料理や肉料理、温かい肉料理、デザートなどのたくさんの料理を一堂に並べたもので、日本の「バイキング料理」に近い。しかし、当然のことながら、日本と異なって和洋中の料理が何でも揃っているわけではない。

では、日本特有の「バイキング料理」はいつ、どこで生まれたのであろうか。これも、日本－北欧関係を考えるうえで一つのエピソードになるであろう。1958年（昭和33年）8月に、東京の「帝国ホテル」がレストランで北欧の「スメルゴスボード」を日本風にアレンジして提供するようになったのが始まりである。その際、料理の名前は、社内公募の末、「インペリアル・バイキング」と名付けられた。当時、バイキングを描いたアメリカ映画が上映されており、そこにバイキングたちが食べ放題、飲み放題で食事をしているシーンがあり、それがヒントになったそうである。どおりで、日本以外で「バイキング料理」が通じないはずである。

ただし、この料理は北欧とまったく縁がないわけではない。1957年、新レストランのメニューづくりに頭を悩ませていた犬丸徹三帝

参考　犬丸一郎『「帝国ホテル」から見た現代史』（東京新聞出版局、2002年）。村上信夫『帝国ホテル厨房物語――私の履歴書――』（日本経済新聞社、2002年）。帝国ホテルホームページ。

✡ 戦後処理

一九五〇年代に日本－北欧間で懸案となっていた外交案件としては、第二次世界大戦中、日本国内および日本の占領地域において日本の軍事行動が与えた損害に対する請求権問題があった。

(1) ノルウェー

北欧諸国の中で唯一連合国の一員として日本に宣戦布告をしたノルウェーとの請求権問題は、一九五一年（昭和二六年）九月のサンフランシスコ平和条約によりほかの連合国と一緒に処理されることになった。同条約第一四条は、日本の資源が賠償や債務履行に充分でないことを考慮して、連合国が望む場合、日本人の役務で補償したり、条約発効時に連合国の管轄下にあるものを差し押さえて処分することを認めたが、それ以外、連合国はすべての請求権を放棄すると規定していた。サンフランシスコでの講和会議では、参加国はすでに個別交渉でき上がっていた条約案に対して態度を表明することしかできなかった。

講和会議でのノルウェー代表は駐米ノルウェー大使のモルゲンスティルネ（一八九二～一九六三）が務めていたが、彼は九月六日午前の第四回全体会議で条約案を受諾することを表明した。その結果、ノルウェー政府は基本的に請求権の放棄に同意したのである。しかし、同時にノルウェー代表は二つの点について配慮を求めた。第一の配慮は、同条約第一六条の規定である。第一六条は、日本の捕虜となり、不当な苦難を被った連合国軍隊の構成員に対する償いとして、戦時中の中立国、または連合国のいずれかと戦争をしていた国にある日本国および日本国民の資産を赤十字国際委員会に引き渡し、その清算後の資金を捕虜であった者およびその家族に分配すると規定していた。ノルウェー政府は、戦時中日本に捕らえられ捕虜同様苦役に従事させられたノルウェー船員が軍隊の構成員でないことから第一六条の利益を受けられないことを不服として、船員に対する補償を日本政府に求めた。ノルウェー政府が求めた第二の配慮は、日本の捕鯨船隊の自発的制限である。ノルウェーは、乱獲により鯨資源の減少がさらに悪化する恐れがあるとして、日本の捕鯨に制限が課されなかったことに遺憾の意を表明し、日本に自制と協力を求めた。(*12)

ノルウェー代表は、条約が調印された翌日の九月九日にも、同様の申し入れを日本全権団の西村熊雄外務省条約局長（一八九九〜一九八〇）との事務レベル会談で繰り返した。第一の点について、日本側は「日本としては、条約上はつきり義務づけられている賠償等の義務が大きく、それすら、現在支払えないことは、条約自体が認めている次第であるから、条約上義務づけられていないものについて、補償をすることは、不可能である」と述べたのに対して、ノルウェー代表は「日本がオランダと二国間条約を締結して、抑留者に対して補償する場合には、ノールウェイの二百数十名の海員も当然同様に補償さるべきである」と食い下がり、「将来東京でまた日本政府に申入れたりすることになるかも知れない」と答えた。また、第二の捕鯨船隊問題については、西村が「何か苦情があつたら、捕鯨委員会で取り上げられたらよい。なぜ、今度の会議でこの問題を提起されたのか、非常に驚いた」と述べたのに対して、ノルウェー代表は「捕鯨条約では、船隊の制限まではできない。従つて、捕鯨委員会でよりは、もつと上のところで取り上げなければならないと思つたからである。……日本の自発的措置によつて制限してもらいたい次第である」と答えている。それに対して西村は、「……それ［捕鯨船隊］の制限について国際的な協力の方式を発見しようとする努力に対しては、日本政府として十分協力する用意がある。貴方の心配の点はよく分つたから、日本に帰つたら、関係当局にその趣を伝えておく」と回答した。[*13]

以上の二つの懸案事項に関しては、サンフランシスコ平和条約発効後の一九五二年（昭和二七年）一〇月、結城司郎次在スウェーデン日本公使（在ノルウェー日本公使を兼任）がノルウェー政府に信任状を奉呈するためにオスロを訪れた際にもノルウェー外務次官から言及されている。結城公使は、「……日本に対する悪意反感等は殆んど認められず、大体においてデンマークの場合同様占領下日本に対する随《ママ》［惰］性にて今尚無関心、無知識の態度の様認められる。唯々日本側により沈没せられたる商船の乗組員関係者が補償を得られずノールウェー政府及び議会に対し執拗に陳情し居ること、捕鯨業界、海運業界等において日本との競争再現に対する警戒の念が早くも抬頭しつつあることは留意すべき点と認められる」と記し、本省に注意を喚起している。[*14]

ノルウェー人船員への補償問題は、一九五七年（昭和三二年）になっても東京でヴォークト在日ノルウェー公使と日本外務省との間で議論になっている。同年三月一四日、在日ノルウェー公使は、日本がオランダに対して私的請求権に補償することを約束していることを取り上げ、ノルウェーに対しても自発的に補償を行う用意があるかと質したのに対して、法眼晋作《ほうげんしんさく》欧州参事官（一九一〇～一九九九）は、オランダに対しては補償の約束がなければ平和条約に調印しないと講和会議で同国が称したのでやむなく認めた旨を述べ、「しかしその他の桑港《サンフランシスコ》平和条約調印国とはかかる約束を行ったことはないので、貴国政府の申越しに応ずることは困難である」と答えた。(＊15) 同年五月二八日にも在日ノルウェー公使は、補償問題がノルウェー国内で取り上げられ、「……政府として困っている次第であり、何とか日本政府の御考慮をお願いした次第である」と窮状を訴えているが、金山政英《かなやままさひで》欧亜局長（一九〇九～一九九七）は「……兎も角も戦後十年以上を経過した今日法律的に説明の根拠のない此の種の補償を考慮の余地ない事情については御了解願いたい」と拒否したのである。(＊16)

　このように、日本政府が一貫してノルウェー人船員への補償問題を拒否した結果、ノルウェー政府はこの問題について納得できる解決策を得られなかったのである。その後、第3章で言及するように、大平正芳外相が一九六三年（昭和三八年）八月にノルウェーを公式訪問してランゲ外相と会談した際には、この問題は出なかった。会談冒頭でランゲ外相は「日諾両国の間には別に問題となることもないが、昨秋東京において貴大臣と行なった意見の交換が極めて有益であったので共通の関心を有する国際問題につき意見を交換したい」とすら述べたのであった。(＊17)

　しかし、ノルウェー国内では日本の捕虜となっていた船員らがノルウェー政府に補償を求め続け、これに関してはその後も政治問題として残った。結局、ノルウェー政府は捕虜となっていた船員や支援者から厳しい批判を受け続けたため、二〇〇一年四月に「第二次世界大戦中に日本の拘束下におかれたノルウェー市民に対する補償」法案をノルウェー国会に提出し、ノルウェーの国家予算から一人当たり一〇万クローネの補償をすることになった。(*18)

こうして、ようやくこの問題は終わったが、捕虜となっていた当事者やその親族から見ると、捕虜時代の苦痛とさらに半世紀以上にわたる苦しい闘いの記憶は消え去ることはないであろう。日本政府から見れば、これはサンフランシスコ平和条約の規定の隙間に生じた問題であり、補償の義務を負うものではなかったが、以下のデンマーク、スウェーデンへの対応との対比で考えた場合、ノルウェーに対してきわめて厳しい結末を強いた不幸な歴史を日本政府、国民は決して忘れてはならないであろう。

(2) デンマーク、スウェーデン

デンマーク、スウェーデン両国は、第二次世界大戦中、日本との関係では中立国に位置づけられた。これら中立国の政府、企業、国民の被った損害に対する請求権はサンフランシスコ平和条約の対象とはならず、一般国際法に基づいて個別に処理された。サンフランシスコ平和条約締結後、日本政府は請求権についての事務処理方針を「(1)先ず平和条約に基く条約上の義務を履行し、(2)戦後債務処理(対米)、(3)中立国を含む諸国からの請求権処理のプライオリテーにより行う」

としていた。そのため、平和条約締結後相当の日時が経過しても中立国や旧枢軸国からの請求権問題に進展が見られず、日本がいつまでも解決を遷延するのは不当であるとの気運が関係国に高まりつつあり、早期解決要求が一層強化されるものと予測される趨勢となっていた(*19)。しかも、日本外務省はたとえばデンマークからの請求額に関して「個々については必ずしも正当な根拠のないものも多数あると認められ具体的検討を行っている(*20)」と指摘しているように、個々の損害を事実調査し、交渉の末に補償額を決める必要があるとの立場に立っており、その点でも請求権問題の解決は時間を要したのである。

まず、中立国のスウェーデン政府は四四件、約一四億円を日本政府に請求した。その中には、戦時中に日本が傭船したスウェーデン船のミラマール号、ニンポー号に対する補償、日本軍がスウェーデン・マッチ会社、スウェーデン・ボールベアリング会社、ASEA電機会社、セーヴレ・モーター製作所、L・M・エリクソン電話会社に対して与えた損害への補償などがあった(*21)。スウェーデン政府との交渉は一九五七年(昭和三二年)九月二〇日に妥結し、日本が五億五〇〇万円を支払うことで決着している(一九五八年五月発効(*22))。

同じく中立国に位置づけられたデンマーク政府は、当初六二七件、約四三億円を日本政府に請求した。この中には、戦時中に日本陸軍により接収された上海大北電信会社に対する補償として約二四億円が含まれていた。この部分の補償については、一九五五年九月日本政府と大北電信会社との間で交渉を行い、三〇万ポンド(約三億円)で妥結した。その結果、残ったのは戦時中日本が徴発したデンマーク船舶の船員抑留に関するもの、デンマーク人個人の物的人的損害に関するものなどであり、デンマーク政府の要求残額は約一九億円となった(＊23)。結局、デンマーク政府との交渉は一九五九年(昭和三四年)五月二五日にようやく妥結し、日本が四億二三〇〇万円を支払うことになった(即日発効)(＊24)。

この北欧二国の請求権の解決により、西欧諸国との請求権の主要なものはすべて解決された。また、この請求権問題は「友好関係回復の前提条件(＊25)」と位置づけられるものであった。これによって、日本と北欧諸国との間の戦後処理は終わり、新しい時代が始まったということができよう。

国際捕鯨問題

この第二期以降、日本と北欧を結びつけた外交案件として、前述したように国際捕鯨に関する問題もあった。

日本は、一九世紀末にノルウェーから近代的な捕鯨方式を導入した。日本近海におけるロシアの捕鯨業に刺激を受け、一八九七年(明治三〇年)前後、日本でも近代的な捕鯨を行う会社が次々に設立されたが、そのほとんどが失敗に終わった。唯一成功したといわれたのが、一八九九年(明治三二年)七月に創立された「日本遠洋漁業株式会社」であった。山口県大津郡仙崎(現在の長門市仙崎）に本社を置いた同社は、ノルウェー人の砲手と水夫を合計四人雇い、国産捕鯨船である「第一長周丸」に積む捕鯨砲などの捕鯨具をノルウェーから輸入し、本格的なノルウェー式捕鯨を開始した。それに先立ち、同社の発起人の一人であった岡十郎（一八七〇～一九二二）は同年にノルウェーまで行き、捕鯨船、捕鯨具製造の現場を見学し、さらにノルウェー最北端の捕鯨根拠地において操業の実状を調査した。(*26) このような背景のもとに日本の近代的捕鯨は始まり、一九三〇年代からは南氷洋に出漁するまでに成長したのである。

第二次世界大戦で中断した国際捕鯨は、一九四六年（昭和二一年）に主要捕鯨国で締結された国際捕鯨取締条約（一九四八年発効）とそれに基づく国際捕鯨委員会（ＩＷＣ：International Whaling Commission）による鯨資源の厳しい国際管理のもとで再開された。日本は一九五一年（昭和二六年）四月に同条約への加盟を認められたが、実際にはそれ以前にすでに捕鯨を再開していた。一九四六年、連合国軍最高司令官総司令部（ＧＨＱ）は敗戦により食糧事情の悪化した日本に対して捕鯨を許可し、それを受けて日本の捕鯨船隊は日本近海のみならず南氷洋でも捕鯨を開始した。鯨肉は、日本人の貴重なタンパク源となった。

世界最大の捕鯨漁場であった南氷洋では、日本はノルウェー、イギリス、オランダ、ソ連の捕鯨船隊とともに激しい鯨捕獲競争を繰り広げた。そのため、前述のようにサンフランシスコ講和会議でノルウェー政府は、日本の捕鯨船隊に対して強い懸念を表明したのであった。一九五六年（昭和三一年）にも、ノルウェー政府は日本の南氷洋捕鯨船隊の増強に対して抗議を行っている。(*27)

つまり、日本はノルウェーに次ぐ規模の捕鯨国となっていたわけである。

当時は、捕獲総頭数制（いわゆるオリンピック方式）が採用されており、各国はその枠内で少しでも多くの鯨を捕獲しようと自由競争をしていた。しかし、一九五〇年代末以降、加盟国の船隊増強、鯨資源の減少という状況となったため捕獲頭数の国別割当が必要になり、長い交渉の末、一九六二年（昭和三七年）に国別割当取極が結ばれた（一九六三年発効）。日本は、イギリスから二母船、ノルウェーから一母船を購入して国別割当を拡大し、一九六三年から一九六四年にかけての漁期には、日本の国別割当はひげ鯨捕獲総枠の四六パーセントを占め、第二位のノルウェー（二八パーセント）を大きく引き離すまでになった。日本はさらに母船をノルウェーから購入しようとしたが、ノルウェー政府は鯨資源の保護、失業防止、採算維持、国際捕鯨問題に対する発言権確保の理由からこれを許可しなかった(*28)。このころ、日本の南氷洋捕鯨は最盛期を迎え、出漁五ヵ国中最大の七船隊を出漁させ、割当捕獲数を完全に消化した。また、一九六二年から一九六三年にかけての漁期の出漁国の捕獲総枠は、シロナガス鯨換算で一万五〇〇〇頭となり、南氷洋捕鯨全体が最盛期であった。

しかし、その後は鯨資源の激減が明らかになり、捕獲総枠は毎年削減された。さらにＩＷＣにおける議論は商業捕鯨禁止の方向に向かった。一九八二年（昭和五七年）にＩＷＣ総会は、商業捕鯨の全面禁止（モラトリアム）を賛成二五、反対七、棄権五で決定した。反対票を投じたのは、日本のほかアイスランド、ブラジル、韓国、ノルウェー、ペルー、ソ連であった。その結果、一九八七年（昭和六二年）に商業捕鯨は事実上姿を消したのである。日本政府は、ＩＷＣのモラトリアム決定に対して当初異議申し立てを行ったが、アメリカ政府の圧力に屈してこれを撤回して商業捕鯨を停止し、鯨資源の調査のために南氷洋で調査捕鯨のみを行っている。

他方、ノルウェーは、ＩＷＣの決定を尊重しつつも、国際捕鯨取締条約に基づいてモラトリアムに対して異議申し立てを行い、これに縛られないとの立場をとった。そのため、一九九二年にノルウェーは捕鯨再開を決定し、一九九三年から限定的ながらも商業捕鯨を行っている。日本の水産庁は、これを「捕鯨再開に向けての貴重な足がかり」と評価している(＊29)。また、北大西洋を中心とする小規模な捕鯨国であったアイスランドは、一九九二年にＩＷＣを脱退して捕鯨を行っている。現在、アイスランドはＩＷＣに再加盟を求めているが、オブザーバー扱いとなっている。

以上のように、日本とノルウェーは当初南氷洋捕鯨の競争相手であった。しかし、日本、ノルウェー、さらにアイスランドは次第にＩＷＣで数少ない捕鯨国としてともに孤立し、捕鯨の存続を求めて協調する立場となったが、ご存じのように反捕鯨国の前では厳しい立場に立たされている現状にある。

✧『デンマルク国の話』と教科書

では、この第二期に日本人の北欧イメージはいかなるものであったのだろうか。第二次世界大戦直後、日本で北欧に対するイメージとしてまず現れたのが平和国家というイメージである。これは、前述の内村鑑三『デンマルク国の話』が再度注目されたことによるものである。これは、一九四六年（昭和二一年）に岩波文庫の一冊として出版され(*30)、さらに翌年には、これを短く簡単に書き直したものが文部省著作の小学校教科書『國語　第六学年上』に「みどりの野」として掲載された(*31)。

第二次世界大戦に敗北し、植民地を失い、国土の荒廃に直面した結果、平和国家を建設するという使命に燃えた日本人にとって、一八六四年にプロイセン、オーストリアとの戦争に敗北し、領土を失ったデンマークの復興の話は感動と共感を生む内容であったと考えられる。まさに新生日本の、新たな国家目標と合致するものであった。たとえばそれは、前述の「みどりの野」にある次の指摘に示される通りである。

「戦いは敗れ、国はけずられ、国民の意気はしずみ、その活動はおとろえました。たとえ戦いに敗れても精神的に敗れない国民こそ、真にすぐれた国民でしょう。国のおこるかほろびるかは、このときにさだまり、この苦しいときにうちかつことのできる国民だけが、国の建てなおしという大事業をなしとげて、さかえるのであります」

「敗戦のために意気のおとろえた国民は、希望をとり返し、誠実な研究と、がまん強い実行と、熱誠な共力によって、あれ地をみどりの野とし、祖国を生き返らせ、ついに、今日のような平和国家をうち建てました」(8)(＊32)

（「みどりの野」の全文を、一八七ページに資料として収録したのでお読みいただきたい）

これ以後、小学校、中学校用の文部省検定済教科書『国語』に、内村の話は頻繁に登場した。いかに多くの教科書が内村の話を採用したかを知るため、確認できたものだけでもそのタイトルを出版社別に紹介すると以下の通りの膨大な数になる。基本的に、文部省検定済年の翌年が学校における実際の使用開始年度である（**表3**参照）。また、内村の話以外のデンマークの紹介が載っている教科書を**表4**としてまとめた。

では、内村の話は教科書においていかに使われていたのであろうか。前述の文部省著作教科書と同様に内村の話を短縮して載せる以外にもさまざまな形で利用されている。たとえば、ある小学校の教科書は、以下のような対話形式において小学生にデンマークの重要性を強調している。

---

(8)　この引用部分は、基本的に内村自身の文章を生かしつつも、若干変えている。とくに、「ついに、今日のような平和国家をうち建てました」という部分は教科書のオリジナルである。

表3　教科書における内村鑑三に基づくデンマーク紹介

タイトル	教科書名	出版社	文部省検定済年	ページ
【小学校用】				
デンマークの二本の柱	『国語の本　十第五学年下』	二葉株式会社	1950	112～144
デンマークの二本の柱	『改訂版　国語の本　五年下』	二葉株式会社	1952	116～150
人々のために、デンマークの柱	『新編国語の本五年Ⅱ』	二葉株式会社	1955	127～136
国々をめぐって、緑のデンマーク	『六年生の国語下』	学校図書株式会社	1951	86～97
立ち上がるすがた、二つの柱	『国語六年生上』	学校図書株式会社	1952	20～29
国々をめぐって、緑のデンマーク	『小学校国語　六年下』	学校図書株式会社	1954	18～24
お話を聞きましょう、緑の野	『改訂国語　六の上』	教育出版株式会社	1953	18～27
緑の国、もみの林	『緑の国　新国語五年上』	光村図書出版株式会社	1951/1953改訂	26～35
緑の国、もみの林	『新版　新国語五年上』	光村図書出版株式会社	1954	12～22
北の国々、大もみ小もみ	『国語　六年上』	信濃教育会出版部	1955	49～63
【中学校用】				
自然と人生、内村鑑三デンマークの話	『中学の国語　総合　三下』	愛育社	1954	2～10
読みもの、内村鑑三　木を植えて国を興した話	『国語　三上』	筑摩書房	1956	76～84
ひとすじの道、内村鑑三　興国のもみ	『新しい中学国語　文学二』	開隆堂出版株式会社	1953	12～22
おおぜいに向かって、内村鑑三　デンマーク国の話	『改訂新しい国語　中学三年上』	東京書籍株式会社	1952	9～18
おおぜいに向かって、内村鑑三　デンマーク国の話	『新編新しい国語　中学三年上』	東京書籍株式会社	1956	7～20
おおぜいに向かって、内村鑑三　デンマーク国の話	『新編新しい国語　中学三年上』	東京書籍株式会社	1956/1959一部改訂	7～21

表4　教科書における内村鑑三以外に基づくデンマーク紹介

タイトル	教科書名	出版社	文部省検定済年	ページ
【小学校用】				
はるかな国々、デンマークを思う	『船出　小学国語　六年下』	大阪書籍株式会社	1951	95～106
世界をめぐる、ヨーロッパめぐり、デンマークはいいなあ	『わたしたちの国語　六年下』	学校図書株式会社	1958	83～85
クヌッセン機関長*	『小学新国語　五年下』	光村図書出版株式会社	1964	34～43
クヌッセン機関長	『小学新国語　五年下』	光村図書出版株式会社	1967	34～43
【中学校用】				
見知らぬ國、大谷英一　平和の國デンマーク	『中学國語　三上』	大修館書店	1949	98～106
海外の国、大谷英一　平和の国デンマーク	『新中学国語　三下』	大修館書店	1951	207～215
海外の文化、大谷英一　平和の国デンマーク	『改訂新中学国語　三上』	大修館書店	1954	150～158
よい生き方、大谷英一　平和の国デンマーク	『新中学国語　総合新訂版三下』	大修館書店	1957	170～176
国さまざま、デンマークの話	『新中学国語　三』	大修館書店	1961	18～26

＊　クヌッセン機関長については、**ブレイク4**を参照されたい。

内村鑑三（日本発行切手「文化人切手」、1951年）

クヌッセン機関長胸像（和歌山県日高郡美浜町）

「クヌッセン機関長遺徳顕彰会」が献花式を開催し、生前クヌッセン機関長が好きだったキンセンカの花を供えている。2001年５月には、ブルックナー在日デンマーク大使が40年ぶりに同地で献花を行っている。

クヌッセン機関長頌徳碑
（徳島県海部郡海南町）

また、クヌッセンの遺体が漂着した同県日高町田杭（日ノ御埼北側）の海岸近くにも「クヌッセン機関長遺骸発見之地」という碑が1957年８月に建てられた。それ以来、田杭の婦人会は当番を決めてこの碑に花を供え続けている。碑のそばには、遺体とともに漂着していた「エレン・マースク号」の救命ボートも保管されている。

クヌッセンを称える碑は、和歌山県だけでなく、殉職のきっかけとなった日本船の母港、浅川港のある徳島県海南町にもある。1959年（昭和34年）２月、海南町は浅川港近くにクヌッセン機関長を称える頌徳碑を建てた。毎年、命日ごろに碑の近くにある浅川小学校の６年生が碑の清掃を行い、クヌッセンの殉職を語り継いでいる。

1960年代には、このクヌッセン機関長の殉職と顕彰碑建設の話は、「クヌッセン機関長」という題で小学校の教科書にも取り上げられている（資料として巻末に収録）。

クヌッセン機関長顕彰碑・胸像
：和歌山県日高郡美浜町三尾2113番地　日の岬パーク内
クヌッセン機関長遺骸発見之地・救命ボート
：和歌山県日高郡日高町阿尾1452番地
クヌッセン機関長頌徳碑：徳島県海部郡海南町浅川字川ヨリ東26―４番地

武市匡豊『宿願の旅路――クヌッセン、ハンセン、トルードーの魂を求めて――』（心泉社、2000年）。

ブレイク4　クヌッセン機関長の殉職
――北欧ゆかりの地を訪ねて④――

日本―北欧関係における悲しい事件として、デンマーク人船員のクヌッセン機関長の殉職がある。1957年2月10日夜、和歌山県日ノ御埼沖の紀州灘を航行中のデンマークの貨物船「エレン・マースク（Ellen Mærsk）号」は、荒天の中、火災を起こして助けを求める徳島の機帆船「高砂丸」を発見した。デンマーク船のヨハネス・クヌッセン機関長（1917～1957）は、救助中に海に転落した日本人乗組員を助けようと海に飛び込んだものの、波にのまれて日本人とともに水死してしまった。享年39歳であった。当時、クヌッセン機関長の勇敢な行動は多くの日本人の胸を打った。

1957年8月、遭難現場に近い和歌山県美浜町の「日ノ岬パーク」内にクヌッセン機関長を称える顕彰碑が建てられた。その碑は、遭難の経緯に加え、「同じく海に生きるものを救おうとして殉難した国境を越えた同氏の国際愛は日本とデンマーク両国だけでなく、世界各民族の親愛と平和の推進に光明をかかげたものである」と記している。碑の除幕式には神戸駐在のデンマーク領事らが出席し、その席では「ああクヌッセン機関長」という彼を称える歌が合唱された。さらに1962年6月には、デンマーク人彫刻家の制作したクヌッセン機関長の胸像が顕彰碑のそばに建てられ、その除幕式にはブスク＝ニールセン在日デンマーク大使も出席した。その際には「クヌッセンを讃ふる歌」が披露されている。

クヌッセン機関長顕彰碑
（和歌山県日高郡美浜町）

同地では、毎年命日の2月10日前後に

参考　平林広人『北海の白鳥――ヨハネス・クヌッセンとデンマーク海人魂――』（関西デンマーク協会、1963年）。

久――植林によって、さかんになった国がありますか。

おじさん――あります。デンマルクです。戦いに敗れて、国を半減されたデンマルクが、不毛の地に植林して、世界一流の農業国としてたちなおったのだ。私はデンマルクをおとずれてみて、うらやましいと思いました。

正雄――おじさん、日本もデンマルクのようにならなければなりませんね。ぼくたち、がんばりますよ。

おじさん――ありがとう。私も、日本を緑の国にするために一生をささげるかくごですが、日本人みんながその気にならなければいけないのです。しっかりたのみますよ。

みんな――はい。きっとやります、おじさん。(*33)

さらにこの教科書は、内村の話を要約した「もみの林」という話を小学生に朗読させている。そしてそれは、以下のような決意表明を小学生にさせて終わっている。

「ここで、みなさんといっしょに考えてみたいことは、ダルガスが祖国を救おうとしてたちあがったころのデンマルクと、今の日本の事情が、よくにているということであります。

戦いに敗れ、国じゅうの人々がともすれば望みを失いかけてしまうような時代に、もし、ダルガス父子がいなかったら、どうなっていたことでしょう。デンマルクは戦いに敗れても望みを失うことなく、かれらのくわしい研究と、みんなのたゆまない働きによって、今日の平和と富裕を築きあげたのであります。

わが祖国日本も、今こそ奮いたつべきときであります。正しい、豊かな国にするために、みんなが心を一つにして努力しようではありませんか」[*34]

以上のように、内村の話に基づくと思われるデンマーク紹介はきわめて多くの教科書に取り上げられた。そのため、これは一九四〇年代終わりから一九五〇年代に小学校、中学校に在籍した日本人には忘れられない話であろう。実際に、第五章で取り上げる医師の岡本祐三（一九四三〜）はその著書『デンマークに学ぶ豊かな老後』（朝日新聞社、一九九〇年）の中で、「内村鑑三はこの話を一九一一年に書いているが、筆者等は一九四〇年代の小学校教科書で知ることになった。丁度敗戦の貧困の最中にあった日本の青少年に、まさにこのストーリーは大きな励ましと感動を植えつけたのである」と述懐している。[*35] さらに、この時期、内村の話は教科書以外でもさまざまな形で繰り返し登場し、平和の国デンマークが宣伝されたのである。[*36]

しかし、内村の話は、一九六〇年代以降の教科書にはほとんど見られない。これは、内村の『デンマルク国の話』を詳しく分析した早稲田大学教授の村井誠人が指摘するように、日本の復興が現実化し、高度経済成長の時代に入り、日本がもはやデンマークをモデルとして必要としなくなったためと考えられる。[*37]

中立国スウェーデンへのあこがれ

平和国家というイメージはスウェーデンにも拡大されることになる。スウェーデンは、第二次世界大戦において戦時中立を宣言し、その維持に成功した数少ない国の一つであった。自ら戦争を起こし、多大な被害を受けた日本人には、スウェーデンの中立政策と平和の維持はきわめて新鮮なものであったろう。当時は、マッカーサー連合国軍最高司令官（一八八〇～一九六四）が「日本の役割は太平洋のスイスとなることである」と述べたこともあり[*38]、中立に対して日本人の関心が高まっている時期であった[*39]。そのため、スイスとともに、中立国スウェーデンにも日本人の目が向いたのは自然の流れであった。

たとえば、一九四九年（昭和二四年）四月七日の参議院本会議において、緑風会[9]の帆足計《ほあしけい》参議院議員（一九〇五～一九八九、のちに日本社会党所属の衆議院議員）はデンマークを見習って食糧増産に励む必要性を説くとともに、マッカーサー発言に触れた後、「日本は世界最初の原子爆弾の天刑を見舞われた國として、武装を放棄せる國家たることを名誉と考え、賢明なるスエーデンやスイッツル［スイス］のごとく、一切の國際紛争に超絶して、永世局外中立の立場を守り抜くことが必要であると確信いたします」と述べている[10]。

これへの答弁で吉田茂首相[11]は、第二次世界大戦時にベルギーの永世中立が侵犯された例を挙げて、日本が永世中立をとることに対して「多少の疑い」を表明し、「余程考うべき問題ではないかと思いまする」と述べている。吉田は、まず日本が民主政治を確立して世界の平和にあくまでも貢献し、さらに経済を自立させて安定させる必要性を説いている。帆足議員は同年一一月一〇日の参議院本会議でも、スイス、スウェーデンを挙げて日本も絶対的中立の立場をとるように訴え、またデンマーク復興のスローガンとして「外に失いしものを内に耕さねばなりません」を引用し、食糧増産、水力電源開発、教育改革、科学・技術の振興を唱えている。(*40)

日本外務省も、敗戦直後の一九四六年七月当時、永世中立を占領状態終結後の選択肢の一つと考え、スイスを事例にしてその可能性を調査していた。また、将来の日本にとって永世中立が起こりうるかなどを考える材料として、外務省は省外の研究者にスイス、ベルギー、ルクセンブルグの永世中立について調査させ、その報告書を一九四九年七月にまとめている。しかし、一九四九年一一月には、「永世中立と［国際］連合加入とは法的には両立し得ない」といった外務省の調書も出されるようになった。(*41)

(9)　緑風会は、一九四七年（昭和二二年）の第一回参議院選挙で当選した無所属議員による参議院の会派で、第一党の地位を占めた。その後、徐々に議席を減らし、一九六五年（昭和四〇年）に消滅した。

(10)　スウェーデンの中立はスウェーデン政府による一方的な政策であり、国際条約により中立が規定されたスイスとは異なり永世局外中立ではない。

(11)　吉田首相（一八七八～一九六七、自由党）の任期は、一九四六～一九四七年、一九四八～一九五四年。

その後、平和条約締結が具体的に日程に上ってくるとともに、日本政府にとって永世中立の選択肢は現実性を失っていった。ただし、外務省は一九五〇年代以降も、スイス、オーストリアなどの永世中立国の情報を収集し続けた。これには、野党への反論を用意するという意味もあったのであろう。つまり、サンフランシスコ平和条約、日米安全保障条約締結後、野党である日本社会党が[12]「永世中立」あるいは「中立主義」を主張し続け、政府を批判していたからである。

ノーベル賞と日本

連合国による占領期に日本人の目がスウェーデンに向くきっかけとなった出来事としては、一九四九年（昭和二四年）一二月一〇日の湯川秀樹博士（一九〇七～一九八一）のノーベル物理学賞受賞ということが挙げられる。第二次世界大戦に敗北し、占領下に置かれた日本人にとって、これは大きな喜びと希望を与えるものであった。湯川は一九四〇年から物理学賞を選考するスウェーデン王立科学アカデミーに物理学賞候補として推薦され始め、一九四九年には、アメリカ、フランス、スウェーデンの科学者一〇人から推薦を受けていた。スウェーデン王立科学アカデミーの物理学賞委員会および総会は、圧倒的支持で湯川の受賞を決めている[*42]。

小学校の教科書も早速この受賞を取り上げ、次世代を担う子どもたちにその偉業を伝えた。その紹介は、「昭和二十四年の『文化の日』に、いかにもこの日にふさわしいニュースがもたらされ、われわれ日本人の心を明かるくした。それは湯川秀樹博士が、ノーベル賞の中の物理賞の受賞者に内定したしらせであった。世界文化の大きな歩みの中に、進出していく日本人のすがたを、まのあたりに見るような気持がして、国民に深い感動と大きな希望をあたえないではいなかった」という文章で始まり、ノーベル賞の重要性を強調した後、湯川夫人の手記を引用して受賞式の様子を説明し、最後に「これを読んで、当日の光景を想像し、その感げきを新たにするとともに、さらに日本人の進出を期待したいものである」と結んでいる(*43)。この日本人の初受賞は、ノーベル賞のみならず、それを生み出したスウェーデンへの畏敬の念を日本社会に植え付けることになったであろう。ちなみに、その後の日本人の受賞者については**表5**を参照されたい。二〇〇二年現在、一二人の日本人がノーベル賞を受賞している。

ノーベル賞については、日本政府も常に強い関心を示してきたことが外務省外交史料館の公開した史料に見いだせる。とくに、ノーベル平和賞については日本外務省は一九五〇年代からその選考方法(とくに推薦の手続き)に強い関心を示し、在日ノルウェー公使館、在スウェーデン日

(12)　日本社会党は、一九四五年(昭和二〇年)に結成された社会主義政党。一九五一年(昭和二六年)にはサンフランシスコ平和条約の評価をめぐり右派、左派に分裂したが、一九五五年(昭和三〇年)に両派は統一し、その後野党第一党の地位を占めた。同党統一直後に生まれた自由民主党の歴代政権と安全保障問題を中心に対立した。一九九六年(平成八年)に党名を社会民主党に変更した。

表5　ノーベル賞日本人受賞者一覧

受賞年	氏　名		賞
1949年	湯川秀樹	(1907～1981年)	物理学賞
1965年	朝永振一郎	(1906～1979年)	物理学賞
1968年	川端康成	(1899～1972年)	文学賞
1973年	江崎玲於奈	(1925年生まれ)	物理学賞
1974年	佐藤栄作	(1901～1975年)	平和賞
1981年	福井謙一	(1918～1998年)	化学賞
1987年	利根川進	(1939年生まれ)	生理学・医学賞
1994年	大江健三郎	(1935年生まれ)	文学賞
2000年	白川英樹	(1936年生まれ)	化学賞
2001年	野依良治	(1938年生まれ)	化学賞
2002年	小柴昌俊	(1926年生まれ)	物理学賞
2002年	田中耕一	(1959年生まれ)	化学賞

出所：〈朝日新聞〉、〈日本経済新聞〉等により、筆者作成。

本国公使館（ノルウェーを兼轄）を通じて調査を依頼している。一九五三年（昭和二八年）三月一八日付けの日本外務省から在日ノルウェー公使館への口上書では、ノーベル平和賞に関して「（一）日本国政府が一定の候補者を推薦する場合にとるべき手続およびその径路、（二）一九五三年度同賞候補者として既にノールウェー国会のノーベル委員会に推薦されている者の氏名」を尋ねている。同様の調査を依頼された在スウェーデン日本公使は、ノルウェー外務省次官らに接触し、とくに（二）に関してはノーベル委員会の委員のみ知りうることで秘密であるとの回答を得ている（＊44）。

このノーベル平和賞に対する関心は、一九五二年から一九五三年に日本政府がメキシコ政府からアレマン同国大統領（一九〇二～一九八三、任期一九四六～一九五二）をノーベル平和賞候補者に推薦する動きを支持してくれるよう依頼され、さらにその後、ブラジル政府からもフェルナンデス同国元外相（任期一九四六〜一九五一）のノーベル平和賞候補者推薦に支持をしてくれるよう依頼されたことがきっかけと考えられる。(*45) しかし、日本政府は、各国の政府関係者、国会議員も推薦人になれることを確認してからも一九五〇年代には政府として実際に推薦を行うことはなく、推薦はあくまでも個人ベースの問題として処理されていた。

スウェーデン紹介の出版

以上の北欧への関心から、敗戦直後の日本でスウェーデン紹介の文献が次々に出版された。たとえば、一九四〇年代後半から一九五〇年代前半にかけて渡辺紳一郎『スウエデンの歴史を散歩する』（朝日新聞社、一九四七年）、斎藤正躬《さいとうまさみ》(13)『北欧通信』（月曜書房、一九四七年）、ベルナドット(14)／衣奈多喜男《えなたきお》訳『幕おりぬ――ベルナドット伯手記、ヨーロッパ終戦秘史――』（國際出版株式会社、一九四八年）、向後英一《こうごえいいち》「平和な國スエーデン」（〈中央公論〉第七四四号、一九五一年二月）、斎藤正躬「スエーデンの軍備」（〈世界〉第九一号、一九五三年七月）などが出されている。これらの著訳者は、第二次世界大戦中、スウェーデンのストックホルムに駐在した特派員である。渡辺（一九〇〇〜一九七八）は朝日新聞社、斎藤は同盟通信社、衣奈（一九一〇〜一九八八）は朝日新聞社、向後は毎日新聞社の所属であった。

これらの出版の根底にあったものは何であろうか。その点について、渡辺の前掲書が示唆的である。「スウエデンの国と人とを見て、聞きしに優る地上の理想境であると、つくづく感じた」渡辺は、次のように記述している。

「現代の理想境であるスウエデンも、かつては軍国主義的国家であり、政治的に一等国だつたのであるが、戦争に敗けて海外の植民地を皆失つて、三等国に転げ落ち、インフレで産業振はず、国民は食ふや食はずのどん底に陥つたのである。しかるに、学術の奨励と社会主義の実行とによつて、文化的一等国として生れかはつた。このことこそは、われわれにとつて、日本再建に当り、今日の方針を決める上に、大きな暗示と教訓を与へるものであると思ふ。貧しい者がよその金持の懐ろ勘定をして羨しがるのではなく、スウエデンが、どうして立ち直つたかといふ話が、われわれに必要なのではなからうか。他山の石、もつてわが玉を攻むべ

スウェーデン関連本表紙

しとは、今の日本が、スウエデンの現在の結果を知ることよりも、過去における由つて来るところを知ることであると考へて、スウエデンの歴史を述べるのである」(*46)

また、ドイツ敗戦直前にドイツで人道活動を行ったベルナドットの著書を翻訳した衣奈多喜男は、「譯者あとがき」において「スウェーデンはここ一世紀以上戦争をまつたく放棄している。人口六百万の小国であり、ヨーロッパの花道からひどくかけ離れた片田舎にすぎないのであるが、その高い人道主義と平和主義の旗じるしのために、国際政治の檜舞台に堂々とのりだせるだけの実力を発揮したのである。ベルナドット伯の行動をめぐつて展開されるこの中立精神の強さは、本書に明白にあらわれている。われわれにとつてこの本が非常に興味あるのは、こういう点であろう。憲法のなかで立派に戦争放棄を誓つて再出発した日本のゆき方のうえに、スウェーデンは

---

(13)　斎藤（一九一一～一九六七）は、この時期、『独立への苦悶――フィンランドの歴史――』（岩波新書、一九五一年）、『北ヨーロッパ』（国民図書刊行会、一九五一年）を出版し、スウェーデン以外の北欧諸国についても紹介している。また、スウェーデンに関する斎藤のエッセーが小学校用教科書にも採用されている（「読書週間、ストックホルムの少年少女」『国語六年の二』日本書籍株式会社、一九五一年文部省検定済、二九～三四ページ）。このエッセーは、スウェーデンを「世界の楽園」と呼んでいる。

(14)　スウェーデン国王グスタヴ五世（在位一九〇七～一九五〇）の甥ベルナドット（一八九五～一九四八）は、第二次世界大戦末期の一九四五年、ドイツの強制収容所からデンマーク人、ノルウェー人などの捕虜約三万人の救出に成功した。一九四八年に、国連の特使としてパレスチナ紛争の調停中にエルサレムで暗殺された。

たしかに尊い示唆を投げているのだ！」と述べている。[*47] これらの問題意識は、まさに内村の『デンマルク国の話』と共通するものである。

理想主義的イメージの定着

以上のように、デンマーク、さらにスウェーデンが、平和国家として再生した日本のモデルに位置づけられることになった。これは戦前の理想主義的北欧イメージが拡大したものであるが、この第二期においては単なる素朴なイメージから次第に政治的な意味あいをもつことになった。すなわち、冷戦下の日本政府はアメリカと安全保障条約を締結して西側陣営を選択したため、政府の外交政策を批判する野党勢力は好んで中立諸国（北欧諸国ではとくにスウェーデン）を取り上げ、政府との対決の道具に使ったのである。

他方、戦前に見られた現実主義的北欧イメージは、大日本帝国の崩壊とともに弱まった。戦後の日本政府は、北欧諸国との外交関係の再開、開始にまず大きな力を割かざるを得ず、戦前のように軍事的重要性を北欧に見いだし、活発に活動を行うことはできなかった。ただし、日本政府はソ連情報の収集という観点から、フィンランドをはじめとする北欧諸国に潜在的な関心を寄せていたのは事実であろう。

第3章

モデルとしての北欧

――第三期：一九六〇年代～一九七〇年代前半――

「皆様ご承知かもしれませんが、近年わが国においては、デンマークを含む、北欧諸国の文化に対する関心が著るしく高まつており、人はこれを北欧ブームとさえ呼んでおります。私は今回貴国を訪問したことによつて〝流行遅れ〟の外務大臣と非難されずにすむと思つて秘かに安堵しているのであります。しかし私の今回の訪問の目的の一つは、このような日本国民の関心を毎年変転する御婦人方の服装の流行のように一時的現象に終らすことなく、日丁両国民間の正しい相互理解の上に恒久的な友好関係を築くことに貢献したいということであります」（大平正芳外相のデンマーク政府主催公式晩餐会でのスピーチ、一九六三年九月）

「北欧人種、ことにデンマーク、スエーデンの女性が美しいことは定評があるが、われわれ東洋人にとってありがたいのは、彼女らほど東洋人に憧れをもっている女性たちはいないであろう」（小田実『何でも見てやろう』）

✲福祉国家へのあこがれ

一九六〇年代から一九七〇年代前半の時期は、北欧のよいイメージが日本で最高潮に達した時期であった。それは、「福祉国家」と「平和国家＝中立国家」という二つの側面から形づくられたイメージであった。

まず、福祉国家についてであるが、一九三〇年代以来、デンマーク、ノルウェー、スウェーデンにおいて社会民主主義政党の政権により建設されてきた福祉国家が一九六〇年代に黄金時代を迎えた。これらの国々はヨーロッパの周辺に位置する小国にもかかわらず、貧困を根絶し、豊かな社会を築いたのである。その結果、世界中の人々が畏敬の念をもって北欧に注目した。

日本でも、北欧の福祉国家について紹介が増え、それに合わせるかのように一九六〇年代から頻繁に視察団が福祉の調査に北欧を訪問するようになっていった。たとえば、一九六三年（昭和三八年）一〇月～一一月に民社党系[1]知識人の集まりであった民主社会主義研究会議の北欧研究視察団がスウェーデン、ノルウェー、デンマークの労働者団体の招待を受けて、これら三国とさら

（1）　民社党は、一九六〇年（昭和三五年）に日本社会党内の路線対立から一部議員が脱党して結成された政党。一九九四年（平成六年）に解散し、新生党、公明党などと新進党を結成した。

にドイツを訪問した。同視察団は帰国後に報告書をまとめているが、その意図として以下のように指摘している。

「ここ数年来『福祉国家』が魅力ある標語としてわが国の各方面でしきりに使われているが、現代福祉国家の一典型として国際的にも高く評価されている北欧諸国の実情については、系統だった研究が案外に少ないように思う。（中略）このように本書は、北欧福祉国家を出現させた社会心理的、政治的、経済的、制度的背景を研究したものである。（中略）ただ本書が、その研究成果を日本の場合と比較されることによって、福祉国家への日本の道を見いだす手がかりとして少しでも役立つことができれば、というのがわれわれの願いである」(＊1)

このように、日本の福祉を考える材料として北欧に目が向けられたのである。とくに、北欧の福祉国家は与党よりも野党やその支持者にとってきわめて輝いて見えたのであった。一九六〇年代後半以降、野党の日本社会党、日本共産党は福祉の充実などを訴えて地方自治体選挙で革新首長を誕生させていた。たとえば、一九六七年には東京都知事選挙で美濃部《みのべ》亮吉《りょうきち》（一九〇四～一九八四）が日本社会党、日本共産党などの支持を得て当選を果たし、一九七九年まで三期一二年間在職した。美濃部は、老人医療費の無料化を行った(＊2)。

それに対して、自由民主党政府も、一九五〇年代以来徐々に社会保障制度の充実に努力し、ようやく一九六一年（昭和三六年）に国民皆保険、国民皆年金を全国レベルで完成させた。しかし、池田勇人首相(2)による所得倍増計画に見られるように、政府は福祉のためにもまずは経済成長を重視し、急速な工業化を推進していた。まさに高度成長期を迎え、欧米諸国に経済力で少しでも追いつこうと努力していたのである。そのため、政府は、野党の唱える福祉充実路線を「バラマキ福祉」と批判した。しかし政府は、福祉を売り物にする野党の革新自治体の台頭に次第に危機感をもち始め、一九七三年（昭和四八年）には社会保障給付水準の大幅な引き上げを行い、「福祉元年」と位置づけたのである。しかしながら、政府のこの新路線は、すぐに第一次石油ショックによる経済危機に直面して長続きしなかった(*3)。

大平正芳外相の北欧公式訪問

日本政府も、北欧諸国との公式関係を緊密にしようとした。一九六三年（昭和三八年）八月末から九月初めに、大平正芳外相(3)が外相として初めてノルウェー、スウェーデン、デンマークを公

---

(2) 広島県選挙区選出の池田首相（一八九九〜一九六五、自由民主党）の任期は、一九六〇〜一九六四年。病気のため辞任し、佐藤栄作が後任となった。

(3) 香川県選挙区選出の大平（一九一〇〜一九八〇、自由民主党）は、一九六二〜一九六四年、一九七二〜一九七四年に外相を務め、一九七八〜一九八〇年には首相を務めた。首相在任中に病気で急死した。

式訪問した。これは三国政府の招待による親善訪問であり、大平は「フェアリーランドに遊ぶ気持」(*4)で三国の名所旧跡などの訪問を楽しんでいる。たとえば、ノルウェーではガイランゲルなどのフィヨルド地方を視察し、デンマークでは農場やフレゼリクスボー城を訪れている。しかし、この訪問は日本外務省の公開した外交文書によれば、親善のみならず実務的な意見交換の場でもあった。

訪問中、大平はノルウェー、デンマーク国王を表敬訪問するとともに、ノルウェーではランゲ外相(政権交替時で新外相も同席)、スウェーデンではエランデル首相、ニルソン外相、ランゲ貿易相、デンマークではクラウ首相、ヘッケルプ外相と実質的な意見交換をしている。(4)

大平外相とクラウ・デンマーク首相　写真提供：財団法人 大平正芳記念財団

日本側は、一九六三年八月五日に部分的核実験禁止条約が米英ソ間で締結されたこともあり、軍縮問題を中心とする東西関係の見通しや北欧諸国の対ソ政策について北欧三国首脳から意見を聞きたがった。たとえば、大平はノルウェーのランゲ外相に対して「世界情勢の新局面展開に際し、日本の外交はどうあるべきかにつき——それを私が採用するか否かは別として——率直に御見解を承りたいのが私の今回訪問の目的の一つである」と述べている。他方、北欧側は東西関係をめぐる問題のほか、中ソ関係、中印関係などアジア情勢について日本政府の見解を求めている。とくに、北欧諸国は中華人民共和国の動向について強い関心をもっていた。また、日本、北欧双方とも、日本－北欧経済関係の発展について関心をもち、協力を深めていくことで一致している。日本は経済協力開発機構（ＯＥＣＤ：Organization for Economic Cooperation and Development）に加盟することに一九六三年七月に決まったが（加盟は一九六四年四月）、日本の加盟を北欧諸国が支持してくれたことに対して大平は北欧各国首脳に感謝を述べている。ノルウェーのランゲ外相は、日本－ノルウェー関係を「競争的共存関係」にあると評し、ＯＥＣＤで協力していくことを確認している。このように、会談では広範な諸問題について有益な意見交換が行われ

（4）　エランデル首相（一九〇一～一九八五）の任期は一九四六～一九六九年。ニルソン外相（一九〇五～一九七〇）の任期は一九六二～一九七一年。ランゲ貿易相（一九〇九～一九七六）の任期は一九五五～一九七〇年。クラウ首相（一九一四～一九七八）の任期は一九六二～一九六八年、一九七一～一九七二年。ヘッケルプ外相（一九一五～一九七九）の任期は一九六二～一九六六年。

たのである(＊5)。

この北欧訪問の意義について、大平は最後の訪問国であったデンマークにおいて同国政府主催の公式晩餐会でのスピーチで以下のように述べている。スピーチの下原稿は外務省が用意したものであるが、このスピーチは大平をはじめとする当時の日本政府の北欧観を知るにはよい材料となろう。

「皆様ご承知かもしれませんが、近年わが国においては、デンマークを含む、北欧諸国の文化に対する関心が著るしく高まっており、人はこれを北欧ブームとさえ呼んでおります。私は今回貴国を訪問したことによって〝流行遅れ〟の外務大臣と非難されずにすむと思って秘かに安堵しているのであります。しかし私の今回の訪問の目的の一つは、このような日本国民の関心を毎年変転する御婦人方の服装の流行のように一時的現象に終らすことなく、日丁両国民間の正しい相互理解の上に恒久的な友好関係を築くことに貢献したいということであります(＊6)」

さらに、大平は、第二次スレースヴィ戦争後にダルガスの「外で失ったものを内で獲得しよう」というスローガンの下にデンマークが発展したことを取り上げ、「一〇〇年前のこのスローガンは第二次世界大戦後において敗戦の憂き目に会ったわが国の指導精神をそのまま表現していることは興味深いものがあります」と日本に触れ、最後に「私は国際連合その他国際協力の場において志を同じくするデンマークとの協力関係が益々深くなることを希望するとともに、又文化交流の促進及び経済通商関係の増大を通じ日丁両国の緊密な関係が更に促進されることを確信しておる次第であります」と述べている。(＊7)

以上のように、大平の北欧三国訪問は、日本政府が北欧に大きな関心を寄せていることを伝え、北欧諸国に対して日本の存在を大きくアピールした点で高く評価できるであろう。北欧側もそれにこたえ、大平を大歓迎している。北欧各国で国王や政府首脳が大平と会談したことは、日本への関心の高さを示しているといえよう。

なお、この訪問で、日本側は日本の慣例として北欧諸国の関係者に手土産を持参している。首相には七宝花瓶、閣僚にはソニー小型トランジスターテレビを配り、課長以下のクラスにもソニー小型トランジスターラジオや小型カメラのオリンパスペンなどを配っている。この贈呈品リストを見ると、日本の経済発展を印象づけようとする日本政府の涙ぐましい努力の跡もしのばれるのである。(＊8)

以上の北欧訪問の縁もあり、大平は、一九六七年（昭和四二年）に東京でスウェーデン研究者らを中心に「社団法人スウェーデン社会研究所」が設立された際に同研究所の理事長に就任することになった。また、第1章で言及した松前重義東海大学総長が同研究所の会長に就任し、戦前に在スウェーデン公使館駐在武官を務めた小野寺信、百合子（一九〇六～一九九八）夫妻も研究所の設立に尽力した。(＊9)この研究所は、〈スウェーデン社会研究所所報〉（のちに〈スウェーデン社会研究月報〉）や研究書の出版などを通じて、スウェーデンの福祉をはじめとするさまざまな側面を日本に紹介する役割を担った。(＊10)

椎名悦三郎外相の北欧立ち寄り

この時期、大平以外にも日本の外相が北欧を訪問している。大平を引き継ぎ、一九六四年から一九六六年に外相を務めた椎名悦三郎《しいなえつさぶろう》（一八九八〜一九七九）は、一九六六年（昭和四一年）一月、ソ連を公式訪問するとともにドイツで日独定期協議を行ったが、ソ連訪問の途上でデンマーク、スウェーデンに立ち寄った。

一月一六日早朝、日本からコペンハーゲンに到着した椎名外相は、午後出発のモスクワ行きの便まで市内のホテルで休養をとった。その際、椎名はデンマークのヘッケルプ外相の表敬訪問を受けた。それは、二〇分ほどの短時間のものであったが、デンマーク側から表敬を申し入れただけあり、デンマークの日本に対する関心の高さを十分アピールするものであった。ヘッケルプは、大平のデンマーク訪問の際に日本への招待を受けて一九六四年（昭和三九年）一月に訪日したが、「実に楽しかった」とそのときの感想を述べたうえ大平のことなどを話題にしている。その後に、以下のような専門的な問題について意見を交換している。椎名が、ソ連訪問の目的をソ連との間に航空協定、貿易協定を調印することであると説明し、とくに航空協定は日本―ソ連間の路線を当初二年間は共同運行で、その後は相互乗り入れで開始するものであると述べたのに対して、ヘッケルプは以下のように述べている。

「われわれは日ソ航空協定に多大な関心を持っています。われわれはモスクワまでの乗入れは認められますが、モスクワから東京への乗入れを実現するようソ連に対して従来くり返しシベリア上空を開放するように要求してきましたが、ソ連は絶対に認めようとはしませんでした。然し今度日本にシベリアを開放するからにはやがてわれわれにも認めてくれると思う。そうなれば、東京行の北極経由路線をモスクワ―東京路線に切りかえることとなろう」(＊11)

このように、ヘッケルプは日本―ソ連間の航空協定がスカンジナビア航空の東京便の行方にも大きく影響することを考慮し、この問題に対するデンマークの関心の高さを日本に印象づけたのである。(5) そのほか、ヘッケルプと椎名はソ連、東欧諸国との貿易協定についても意見を交換して

(5)　日本・ソ連共同運航便（東京―モスクワ）は一九六七年（昭和四二年）四月に就航したのに対し、スカンジナビア航空の「トランス・シベリアン・エキスプレス」便（コペンハーゲン―モスクワ―東京）は四年遅れの一九七一年（昭和四六年）四月に就航した（日本航空ホームページ〈http://www.jal.co.jp/history/history/age_61-70.html〉、スカンジナビア航空ホームページ〈http://www.flysas.co.jp/aboutsas/history/history_02.html〉）。

いる。

椎名を乗せて一六日午後にコペンハーゲンを出発したモスクワ行きの便は、途中、ストックホルムの空港に立ち寄った。椎名は、空港での待ち時間にスウェーデン外務省のベルフラーゲ次官と約二〇分間会談を行っている。同次官は、ベトナム問題でソ連から最新の情報が得られるだろうとの見方を椎名に伝えるとともに、椎名と核問題で意見を交換している。すなわち、同次官は「核問題につき、核探知クラブ専門家会合を、ソ連の態度にもかんがみ（一〇日ビルギン公使談話参照）核保有国を入れずに、北欧諸国と日本、カナダ、オーストラリア、イタリアのみで、三月ごろ開くことにしたい。スウェーデンとしては、日本等と力を合わせて、本件を推進することを通じて、核拡散防止および全面核停の目的達成のための突破口を開くことを念願している旨述べた」。これに対して椎名は、「全面的に協力すべき旨応えた(*12)」。この会話からも分かるように、スウェーデン側の関心から安全保障問題を中心に意見交換が行われたのである。

以上のように、大平外相の北欧公式訪問、椎名外相の北欧立ち寄りによる意見交換を見ると、一九五〇年代後半に始まった日本―北欧諸国間の首脳、閣僚レベルの接触が次第に定着し、関係が深まってきたのが分かる。議論の話題も、儀礼的なものからさまざまな国際問題に広がっている。

若者の北欧放浪

日本と北欧諸国との接触は、政府に限定されるものではなかった。一九六四年（昭和三九年）に日本人の海外渡航が自由化されたこともあり、一般国民も徐々に北欧を訪問するようになった。そのきっかけをつくったのは、一九六一年（昭和三六年）に小田実《おだまこと》（一九三二〜）が出版した『何でも見てやろう』（河出書房新社）であった。これは、作家の小田が一九五八年（昭和三三年）にフルブライト留学生としてハーヴァード大学に留学し、その帰国時に世界一周の放浪の旅に出たときの旅行記である。北欧では、ノルウェー、デンマークを訪問している。とくに小田は、「アンデルセンの国にふさわしい、お伽話的に美しい都会」コペンハーゲンを気に入り、乞食とスラム街を見かけないことに感銘を受けている。さらに、北欧女性が東洋人の黒い髪、黒い瞳、色のついた肌にあこがれをもっていると強調し、以下のように述べている。

『何でもみてやろう』表紙

「北欧人種、ことにデンマーク、スエーデンの女性が美しいことは定評があるが、われわれ東洋人にとってありがたいのは、彼女らほど東洋人に憧れをもっている女性たちはいないであろう。ことに日本はアジアにおける高度な文明国であり、TOKYOの名は鳴りひびいており、すばらしいKUROSAWA映画の生産国であり、ZENがあり、そのうえ北極航空路のおかげで隣人であるから、もっとも通りがよろしい(*13)」

このような北欧紹介に刺激された日本人の若者が、北欧を目指したのである。とくに、一九六〇年代後半は世界的に学生運動が激しくなった時期であり、日本で大学が閉鎖されるような状況下で日本を脱出し、シベリア鉄道でヨーロッパに向かい、北欧に一時滞在あるいは定住する若者も多く現れた。作家の五木寛之（一九三二〜）が一九六〇年代後半に次々に発表した小説も、当時、若者をそうした放浪に駆り立てた面があったと思われる(*14)。北欧を舞台にした「白夜のオルフェ」、「霧のカレリア」、「夏の怖れ」、「ヴァイキングの祭り」は当時の雰囲気をよく伝えている(6)。その後、帰国した彼らは、北欧の「豊かな社会」という側面を日本に伝えると同時に、「フリー・セックス」の国というイメージも持ち帰ることになった。そして、これらのイメージは、この時期以降、日本人の間に根強く残ることとなった。

✡ 平和国家スウェーデン

以上の福祉国家という側面とともに、この時期に日本で注目を浴びたのがスウェーデンの平和国家、中立国家という側面である。一九六〇年代から一九七〇年代前半の第三期の中でも、このことがとくに脚光を浴びたのは以下の二つの時期であった。最初が一九六〇年（昭和三五年）前後、そして次が一九七〇年（昭和四五年）前後である。

まず、一九六〇年前後であるが、これは日米安全保障条約の改定問題をきっかけに日本国内で日本のとるべき外交路線が激しく議論されていたときである。その議論の中で、中立諸国が注目されている。日米安全保障条約改定に反対する日本社会党を中心とする勢力は、東西両陣営が対立する状況下で独自路線をとる中立諸国の姿勢にあこがれが強く、その一国として中立政策をとるスウェーデンも紹介した。日本社会党本部国際局に勤務していた山口房雄は、その著書『中立——この民族の課題——』（至誠堂、一九五九年）において、戦後のスウェーデン外交について積極的な国連協力や軍事同盟への非加盟に言及していたが、武装については触れていなかった（＊15）。

（6）これらの小説は、後に『白夜物語——五木寛之北欧小説集——』（角川書店、一九七〇年。角川文庫、一九七一年）としてまとめられた。

こうした国民の問題関心から、学問的にも中立主義の研究がこの時期に進み、スウェーデンの中立政策についても詳しく紹介されるようになった。国際政治の厳しい現実の中で自国の平和と安全を守るため、スウェーデンが主に国産の兵器に依存し、総合的な国防政策を展開していることも次第に明らかにされた(*16)。

また、日本外務省も第二期で見たように、一九五〇年代以降も永世中立国や中立主義に関心をもっており、スイス、オーストリアなどにある在外公館から情報を集めて調書を作成していた。たとえば、日米安全保障条約が改定された後も一九六〇年一〇月に欧州局西欧課は第一次、第二次世界大戦下の中立国、スイス、オランダ、ベルギー、ルクセンブルグ、スウェーデン、デンマーク、ノルウェーの状況を整理している。スウェーデンについては、「中立といっても武装なき厳正中立政策はあり得ずとして、第一次大戦以来、着々国防を充実している」と結論づけている(*17)。また同課は、同年一一月ごろには西欧諸国の社会党ないし社会民主党の中立主義に対する考え方についても調書を作成している。スウェーデンについては、「要するに武装中立、非同盟はこの国の主要各政党にとって常識であり財政支出と武装の進度、程度に関して若干の異見と差異があるにすぎない」としている(*18)。

これらの指摘に見られるように、外務省は日米安全保障条約改定後も非武装中立論を唱える日本社会党を意識して中立国、中立主義を調査し、スウェーデンについてもきわめて現実主義的な観点から分析している。こうした見方は、自由民主党の安全保障政策に実際に生かされている。

自由民主党は同党の安全保障政策を説明する中で、日本社会党の非武装中立論を厳しく批判し、スウェーデンが強大な軍備を有している現実を強調したのである。[＊19] それに対して、日本社会党は、「……多くの中立国が武装していることをもって、非武装中立を非現実的とする説があるが、スエーデン、スイス、オーストリヤ、カンボヂャ、インド等が中立と安全を守っているのは、その軍備の程度によるよりも、国際政治の状況、国際世論、その国の中立政策、国民の抵抗精神によるものである。スエーデンが軍備を縮小しても、そのために侵略される可能性が増すとは考えられない[＊20]」と反論し、スウェーデンの軍備の問題を過小評価する傾向を示していた。

なお、日本外務省は、一九五〇年代末以来、国連平和維持活動（ＰＫＯ）にも関心を示し、その一環で一九六四年（昭和三九年）八月に国連局政治課はスウェーデンをはじめとする北欧諸国が設立した国連待機軍について調書を作成している。[＊21] これは、同年に設立された制度を早速紹介したものであったが、日本外務省が国連のＰＫＯとの絡みで北欧諸国に関心を有していたことをよく示している。北欧諸国は、国連加盟国の中でもこのＰＫＯにもっとも積極的な国々であり、先進的な事例として無視できない存在であった。翌年以降、日本外務省は内閣法制局との調整の末に国連平和維持活動への軍事要員等の提供について可能性を秘かに調査し、一九六六年一月には「国連協力のための特別法の制定、自衛隊法の改正等の立法措置を講ずるべきものと考える[＊22]」との結論に達していた。しかし、自衛隊の海外への派遣問題は国会で野党の強い反対にあい、結局頓挫した。この問題は、一九九〇年代に改めて議論されるまで完全に中断することになった。

パルメ首相（スウェーデン発行切手
「パルメ首相追悼切手」、1986年）

スウェーデンの現実は、実際に日本社会党の非武装中立論と相容れない性格のものであったが、それでもスウェーデンは日本において平和国家としての魅力を有していた。それは、一九七〇年（昭和四五年）前後に顕著であった。その時期はベトナム戦争が激化したため、アメリカの介入に対する反対運動が世界的に高まり、さらに日本国内では日米安全保障条約の延長問題が議論されたときであった。当時、スウェーデンでもベトナム戦争反対、アメリカ批判の声が高まっていた。教育相のパルメ[7]がアメリカのベトナム介入反対を掲げてデモ行進に参加し、一九六九年に首相になった後もパルメはアメリカを正面から批判し続けた。

一九六九年、スウェーデンは北ベトナムを西欧諸国では初めて承認している。また、スウェーデン政府は兵役を拒否したり、軍から脱走したアメリカ人を人道的な理由から受け入れている。実際に、日本の米軍基地から脱走したアメリカ人兵士が、日本の支援組織、ジャテック（反戦脱走米兵援助日本技術委員会[8]）の手によりソ連経由でスウェーデンに送られたのである[*23]。

こうした日本側の動きは、スウェーデンにも大きな影響を与えた。ジャテックの支援で日本からスウェーデンに送られた最初の脱走兵は、横須賀に入港中の米空母「イントレピッド」から脱走し、一九六七年一一月にスウェーデンに到着したアメリカ兵四人であったが、翌一九六八年一月九日、スウェーデン政府は彼らに受け入れの許可を与えた。これ以後、スウェーデンには世界中からアメリカ人徴兵忌避者、脱走兵が集まったのである。(＊24) このことはアメリカ政府を強く刺激し、スウェーデン－アメリカ関係は急激に悪化した。その後、在スウェーデン米大使の本国召還という騒ぎにも発展した。

以上のスウェーデンの立場を反映して、日本ではベトナム戦争反対、日米安全保障条約反対を主張する勢力からスウェーデンの積極的中立政策は高く評価されることになった。第二期に見られたように、政府批判の道具として中立国スウェーデンは依然として輝きをもっていたのである。

こうして、日本では北欧に対して豊かな国、平和的な国というきわめてよいイメージが定着し

---

(7) パルメ（一九二七～一九八六）は、一九六七年～一九六九年に教育相を務め、一九六九年～一九七六年、一九八二年～一九八六年に首相を務めた。首相在任中に暗殺された。

(8) ジャテックは、一九六五年（昭和四〇年）に生まれたベトナム反戦の市民運動「ベトナムに平和を！市民連合」（略称、べ平連）の関係者が一九六七年（昭和四二年）にアメリカ空母からの脱走兵四人をかくまい、スウェーデンに送ったことをきっかけに生まれたアメリカ軍脱走兵支援運動であり、学者、学生、作家、ジャーナリストらが参加した。ジャテックの支援により、約二〇人の脱走兵が国外脱出に成功したと言われる。

た。これはまさに、北欧において福祉国家としての繁栄とベトナム戦争反対がタイミングよく重なりあった結果である。

スウェーデン批判の登場

そうしたスウェーデン礼賛論に対して、早い段階で批判した本が一九七二年（昭和四七年）に現れている。当時、スウェーデンに滞在中の留学生の清原瑞彦（一九四〇〜、現在北海道東海大学教授）は、日本においてスウェーデンに関して「神話」ができていると警告し、スウェーデン社会の現実を見る必要があるとしてスウェーデンの抱える問題点を取り上げたのである。清原は福祉をめぐるさまざまな問題のほか、外交関連ではスウェーデンの武器輸出の問題を取り上げたうえ以下のように指摘している。

「スウェーデンは、世界平和に、たゆまない努力と貢献を続けている、とはよく耳にすることです。そして、スウェーデン人自身、胸を張って、そういったことをいいます。私は、こんな話を聞くたびに、不快な気持になると同時に、武器輸出と平和推進との関係は、一体どういう関係にあるのだろうと自問します。（中略）スウェーデン人の口から飛び出す自由・平和・民主主義の裏に、殺人兵器の輸出が影をひそめているとは、まったく皮肉なことで

す」(*25)

また、前述のように、この時期から徐々にスウェーデンの中立政策について、それが重武装によるものであることを強調する紹介も出されるようになっていた。このように、次第に北欧社会の現実にも人々の目が向くことになるのである。

また、一九七〇年代ごろから北欧諸国の歴史、外交について、本格的な実証研究も徐々に出されるようになった。それは、第二次世界大戦直後のように戦時中スウェーデンに滞在した日本人ジャーナリストによる簡単な北欧紹介ではなく、戦後、北欧について研究を始めた世代が研究成果を発表するようになったのである(9)。

ノーベル賞推薦の動き

ノーベル賞受賞者の発表は、日本でも毎年注目された北欧の行事であった。しかし、一九四九

(9)　たとえば、以下を参照されたい。百瀬宏『東・北欧外交史序説――ソ連＝フィンランド関係の研究――』(福村出版、一九七〇年)。同『北欧現代史』(山川出版社、一九八〇年)。

年（昭和二四年）にノーベル物理学賞を受賞した湯川秀樹に続く日本人の受賞者はなかなか現れなかった。**表5**（九〇ページ）にあるように、二人目の受賞者は一九六五年（昭和四〇年）にノーベル物理学賞を受賞した朝永振一郎（一九〇六～一九七九）であった。朝永の名前はそれ以前から候補者に挙がっていたと考えるのが普通であるが、選考過程の詳細はノーベル財団の規定で五〇年経たないと分からない。しかし、一九九八年（平成一〇年）六月の第一四回外交記録公開で公表された日本外務省の外交文書を見ると、一九六〇年代半ばまでに若干の日本人が候補者として推薦されていたのが分かる。無論、それは推薦された日本人すべてではないであろうが、判明した顔ぶれだけを見てもきわめて興味深いものがある。たとえば、ノーベル平和賞に推薦されていたのは社会運動家の賀川豊彦、哲学者の鈴木大拙（一八七〇～一九六六）であり、ノーベル文学賞に推薦されていたのは作家の谷崎潤一郎（一八八六～一九六五）、詩人の西脇順三郎（一八九四～一九八二）、川端康成（一八九九～一九七二）である。

ノーベル平和賞は、ほかのノーベル賞とは異なり、ノルウェー国会が選出するノーベル委員会によって選考が行われる。これは、ノーベル（一八三三～一八九六）が賞についての遺言を残した一八九五年当時、スウェーデンとノルウェーが同君連合を構成していた名残である。ノーベル文学賞は、スウェーデンにあるスウェーデン・アカデミーが選考を行う。[10]

一九六〇年（昭和三五年）一月中旬、衆議院副議長の杉山元治郎議員（一八八五～一九六四、日本社会党）が、賀川豊彦をノーベル平和賞候補としてノーベル委員会に推薦した。同年二月二三日、外務省本省は、その推薦が推薦締切日の二月一日までにノーベル委員会に届いたかを確認するように板垣修在ノルウェー大使（一九〇七～一九八七）に訓令を発し、翌二四日、板垣大使は「ノーベル平和賞委員会は賀川氏に関する推せん書類を受理し、これを審理しうる状態にある旨確認した」と回訓している(＊26)。

しかし、賀川は同年四月二三日に死去している。賀川がノーベル平和賞に推薦されたのは、一九六〇年が初めてのことではない。賀川は労働運動、生活協同組合運動、農民運動を指導したほか、キリスト教の布教活動で世界を飛び回り、第二次世界大戦後は世界連邦運動(11)にも尽力し、一九五四年には世界連邦世界運動副会長にもなった。こうした活動から、一九五〇年代後半以降、ノーベル平和賞に推薦されていたといわれる(＊27)。

一九六三年（昭和三八年）二月一二日には、外務省本省は勝野康助在ノルウェー大使（一九〇六～一九八五）に対して、岸本英夫東京大学教授（一九〇三～一九六四）が鈴木大拙をノーベル平和賞に推薦したことを通知するとともに、鈴木大拙の資料を送付している(＊28)。なお、外務省が公開した史料『ノーベル賞関係雑件』におけるノーベル平和賞に関する部分は

---

(10)　スウェーデン・アカデミーは、一七八六年に国王グスタヴ三世（在位一七七一～一七九二）が設立。フランスのアカデミー・フランセーズをモデルとしており、スウェーデン語、文学の振興を目的とする。

(11)　世界連邦運動は、国家間の戦争が絶えないことから、国家主権を否定して連邦制の世界国家をつくろうとする運動であり、第二次世界大戦後、日本をはじめ世界各国でそのための団体が生まれた。

九項目からなるが、そのうち項目八（マイクロフィルムで約一〇〇カット）は完全に削除され、非公開とされている。前後の項目から判断して一九六〇年代前半にあたる部分であるが、何が削除されたのか興味あるところである。是非とも公開してほしい。

ノーベル文学賞については、外務省のより積極的な動きが認められる。一九六〇年代初め、外務省本省と松井明在スウェーデン大使（一九〇八〜一九九四）はノーベル文学賞の日本人受賞を目指して活動を行っている。一九六〇年（昭和三五年）四月、ノーベル文学賞候補者として谷崎潤一郎と西脇順三郎が候補となっていることを知っていたと考えられる外務省本省は、「ノーベル賞（文学）受賞候補者」の両者に関する資料を収集し、英文のきわめて詳細な履歴書、作品リストなどを松井大使に送っている。(*29) それらは、時期、内容から判断するとスウェーデン・アカデミーに提供することを想定して作成されたものと考えられる。

一九六一年（昭和三六年）一月末には、松井大使はノーベル賞受賞委員会の関係者に接触し、積極的な情報収集を行っている。それによれば、一九六〇年度にノーベル文学賞候補として谷崎、西脇が挙がっていたことを確認するとともに、一九六一年度の候補者として一九六一年一月三一日現在、ストックホルム大学教授から川端康成を推す推薦状が届いており、谷崎、西脇についてはは推薦状が未着との情報を得ている。松井は面会したノーベル賞関係者に川端、谷崎、西脇の三人を候補者リストに記載するよう要請し、それに必要となる日本から推薦状を速やかに取得することを約束したのに対し、その関係者はこの要請を承知している。松井は、すぐに本省に推薦状

発出の手配をするよう要請している。その後、本省は松井大使に対して、谷崎、西脇も推薦されたことを伝えている。(＊30)

一九六二年（昭和三七年）二月にも松井大使はノーベル賞受賞委員会関係者に接触し、一九六二年度のノーベル文学賞候補者として同年二月一日現在三四人が挙がり、日本から谷崎、川端が含まれているとの情報を得ている。その際、日本人候補の場合、翻訳が少ないことが難点であるとの指摘があったことも松井大使は本省に伝えている。(＊31)

同年三月には、スウェーデンの詩人、小説家でノーベル文学賞選考委員を務めていたハリー・マッティンソン（一九〇四～一九七八、一九七四年にノーベル文学賞受賞）が来日し、日本の作家らと懇談している。その際、マッティンソンは、一九六二年度のノーベル文学賞の候補に日本の三人の作家が挙がっていることを告げ、日本の推薦機関が弱体なために不利であり、早急に権威ある推薦委員会を設けるべきことを提案している。この三人の名前は明らかにされなかったが、これを報道した新聞は谷崎、川端、西脇であると見ている。(＊32) 上記の外務省の公開史料と照らしても、この推測は確実であろう。

日本人でノーベル文学賞を初めて受賞したのは、一九六八年（昭和四三年）の川端康成である。これは、一九一三年に受賞したインドのタゴール（一八六一～一九四一）以来、アジアから二人目の文学賞受賞である。ノーベル文学賞には自然科学分野のノーベル賞に比べると、言語、文化などの問題で日本をはじめとする非欧米諸国の者が獲得するのは困難であった。川端のノーベル文学賞受賞に到達するまでには、関係者の並々ならぬ苦労があったことが分かる。史料が公開された一九六〇年代初めの動きだけを見ても、外務省もその一翼を担っていたと考えられる。しかし、政府によるノーベル賞獲得運動が逆効果になることもありうるとの認識も外務省内にはあり(*33)、その活動は微妙なものであったであろう。

佐藤栄作元首相のノーベル平和賞受賞

日本―北欧政治関係という観点でノーベル賞を考えた際、画期的な出来事として、一九七四年(昭和四九年)に佐藤栄作元首相(12)がノーベル平和賞を受賞したことがある。前年にアメリカのキッシンジャー国務長官(一九二三年生まれ)とともに平和賞に選ばれたベトナム民主共和国の労働党中央委員会政治局員、レ・ドゥク・ト(一九一〇～一九九〇)が受賞を辞退したため、佐藤はアジアから最初の平和賞受賞者となった。

一九七四年一〇月八日、ノルウェーのノーベル委員会は平和賞受賞者として、アイルランド元外相、アムネスティ・インターナショナル元議長でナミビア担当国連高等弁務官を務めていたマックブライド(一九〇四～一九八八)と日本の佐藤を選出した。佐藤の授賞理由として、和解政策により太平洋地域の安定的な条件づくりに大きな貢献を果たしたこと、核兵器を保有しないと主張し、核拡散防止条約に調印したことが挙げられた。在任中に佐藤が、アメリカから小笠原諸島と沖縄を返還させることに成功し（それぞれ一九六八年六月、一九七二年五月）、非核三原則を提唱し、一九七〇年二月に核拡散防止条約に調印したことが評価されたのである。推薦者については、「ノーベル平和賞受賞者には翌年の受賞候補者についての推薦権が一票与えられることになっており、佐藤さんの場合は、前年の受賞者である米国のキッシンジャー博士の推薦があった」とされる。(*34)

また、日本外務省が積極的に佐藤の受賞運動を展開していたことは有名である。一九七四年一二月一〇日、佐藤は「賑やか、しかも壮麗な式(*35)」であったオスロ大学講堂での授賞式に出席し、「私の生涯における最も忘れがたい瞬間である」と喜びをかみしめた。(*36) 翌一一日には、佐藤は楠田實（一九二四〜）元秘書や学者らが草稿をつくった「核時代における平和の追求と日本」という受賞記念スピーチを行った（日本外務省の外交官が代読(*37)）。

しかし、この受賞に対する日本国内の反応には、喜びばかりでなく厳しい批判もあった。佐藤率いる自由民主党政府と長年対立してきた野党、あるいは自由民主党内でも佐藤と対立した国会議員から見ると、受賞理由となった問題で佐藤のとった行動は疑問の多いものでしかなかった。

また、受賞の知らせが届いたとき、日本国内ではちょうどアメリカ海軍退役少将ラロックのアメ

(12) 山口県選挙区選出の佐藤首相（一九〇一〜一九七五、自由民主党）の任期は、一九六四〜一九七二年。

リカ議会証言をきっかけにアメリカ軍艦船が日本に核兵器を持ち込んでいるのではないかという疑惑が大問題になっており、非核三原則の実効性に疑問が投げかけられていた。

その結果、批判はノーベル平和賞にも向けられた。たとえば、当時の日本社会党委員長の成田知巳（一九一二～一九七九）の「ノーベル平和賞のあり方そのものに疑問を抱かせる受賞だ。去年のキッシンジャー米国務長官の受賞以来、おかしいと感じていたがいよいよその感を深くした」という発言や、自由民主党の宇都宮徳馬衆議院議員（一九〇六～二〇〇〇）の「ノーベル賞の信用も地に落ちた」という言葉でも分かるように、ノーベル賞に対する失望すら表明されたのである。

海外でも、佐藤の国際的知名度のなさからその受賞に驚きの声が上がり、授賞式当日は会場前に受賞を批判する学生デモ隊が押しかけている(*38)。ノーベル平和賞は、そのほかのノーベル賞とは異なり、「平和」についての政治的判断に基づく選考とならざるを得ない。平和賞にはノーベル委員会の考える「平和」へのメッセージ、つまり政治的な意図が込められていると考えるべきであろう。そのため、受賞者をめぐりたびたび議論が起こることになった。佐藤の受賞もその一つといえよう。

では、ノルウェーのノーベル委員会はなぜ佐藤への受賞を決めたのであろうか。選考過程は五〇年経たないと公開されないため、授賞理由などから推測するしかない。授賞理由で興味深いのは、日本が核兵器を保有しないことを主張し、核拡散防止条約に調印したことをノーベル委員会が高く評価していることである。授賞式でも、リオネス・ノーベル委員会委員長（一九〇七〜一九九九）は佐藤の紹介の中でヒロシマ、ナガサキに触れた後、「日本国民は核兵器に対してアレルギーになっていると、時折言われてきた。この種のアレルギーは健康のあらわれであり、他の諸国もこれから教訓を学べるかもしれない」と述べ、日本人の核アレルギーを肯定的にとらえている。また、リオネス委員長は、核拡散防止条約について日本がこれに調印した後、まだ批准していないことに触れ、「日本国民の態度が将来の展開を形づくるうえで決定的であると言っても差し支えないと、私は強調したい。ノーベル委員会が希望するのは、本年の授与が核拡散防止条約にできる限り広範な支持を確保しようと取り組んでいるすべてのものへの激励と理解されることである」としている[13]。

この当時、インドの地下核実験成功（一九七四年五月）に見られるように、世界的に核兵器の拡散が問題となっていた。核保有国でもフランス、中国は核拡散防止条約への参加を拒んでいた。そのため、ノーベル委員会は同条約を確固としたものにし、世界的な核拡散の流れを変えるうえで、日本の非核政策が利用できると考えたのではないだろうか。つまり、日本は同条約に調印したものの、国内の調整がつかずまだ批准していない状態であったため、これへの日本の参加を後

(13) リオネス委員長の紹介スピーチ全文については、以下のノーベル財団ホームページを参照されたい。"The Nobel Peace Prize 1974, Presentation Speech by Mrs. Aase Lionaes, Chairman of the Committee, Norwegian Storting," 〈http://www.nobel.se/peace/laureates/1974/press.html〉.

押しし（日本の批准は一九七六年六月）、さらに自ら核兵器の保有を放棄して経済大国となった日本を非核国家のモデルとして世界に示し、核保有の誘惑に駆られる国々を牽制したかったのではないだろうか。その点で、佐藤の業績について評価が分かれ、国際的に知名度がないとしても、ノーベル委員会はあえて佐藤への授賞を決断したのではないかと思われる。

ノルウェーで、二〇〇一年にノーベル平和賞の全受賞者を解説する本が出版された。これは同賞の一〇〇周年を記念する企画であり、ノルウェー・ノーベル財団から支援を受けており、同財団のルンデスタ理事長（一九四五～）が序文を寄せている。同書の佐藤に関する解説は、授賞理由について「賞をグローバル化し、日本において平和の意志を強め、それを核軍縮のための活動につなげようとする期待が、佐藤の平和賞受賞の最重要理由であった」と述べている。さらに同解説は、アメリカの公開文書によれば、佐藤が日本の核兵器への主要な反対者ではなかったこと、さらに一九六九年に在日アメリカ大使との会話の中で日本の反核政策を「ナンセンス」としていたことを紹介している（＊39）。

第4章

モデルから反面教師へ

——第四期：一九七〇年代後半〜一九八〇年代末——

「物質的な豊かさと技術と合理性で獲得した高福祉というものが、人間と社会に、どんなひずみを与えるものかを、われわれ日本人への警鐘としなくては――それが本書を執筆した真の動機といっていい」（武田龍夫『誰も書かなかったスウェーデン――〝福祉王国〟の性と人間――』）

「スウェーデンが世界に誇る社会保障制度も、ますます非人間化する官僚主義、中央管理のもとでは真に国民の要求にこたえるものではなくなりつつあるのかもしれない」（〈日本経済新聞〉社説）

「日本も何もしないでいるとフィンランドのようにソ連のお情けをこうような国になってしまう。うっかり手を出したらひどい目にあうという状態にしておかないと平和は守れない」（中曽根康弘首相の参議院選挙街頭演説〈朝日新聞〉）

✡ 福祉国家への批判

第三期に見られた北欧諸国に対する高い評価は、一九七〇年代後半以降、大きく転換した。日本人の北欧に対する見方は厳しくなり、概して北欧に否定的な傾向が強まったのである。これは、それまで北欧を高く評価してきた人々が見方を急に大きく変えたというよりも、これまで批判される側にいた政府関係者らが反撃に出た結果と考えられる。北欧に対する厳しい見方は、前述の福祉国家、平和国家＝中立国家という両方の側面で顕著であった。

まず、福祉国家に関してはスウェーデンに典型的なように、国民は重税にあえぎ、さらに欠勤などの怠け病、アルコール中毒、自殺、麻薬など社会の荒廃を生む結果になっているとされた。一九七〇年代中葉から世界的不況の中でスウェーデン経済も停滞し、さらに一九三二年以来、一九三六年の三ヵ月を除き政権を維持してきた社会民主労働党が一九七六年に総選挙で敗れて下野したことは、スウェーデンに対する厳しい見方を増幅させた。たとえば、スウェーデン社会の現状を日本外務省の北欧担当官であった武田龍夫（一九二八～）は『誰も書かなかったスウェーデン――〝福祉王国〟の性と人間――』において紹介している。武田によれば、「スウェーデンを訪れる各方面からの視察団やマスコミ関係者は非常に多いが、その視察なり取材なりの結果が、あまりに皮相的、類型的であることに、私は日ごろからあきたりない思いを抱いていた。とくにこのごろは、どうしてこう誰も彼もが同じようなスウェーデン紹介しかできないのかという疑問が、日ましに強くなっていくのを禁じえなかった」のであり、「物質的な豊かさと技術と合理性で獲得した高福祉というものが、人間と社会に、どんなひずみを与えるものかを、われわれ日本人への警鐘としなくては」という真の動機からスウェーデン社会の裏の顔を紹介したのである。(＊1)

この時期、新聞、雑誌においてもスウェーデンを取り上げる記事は、福祉社会の否定的な側面をしばしば強調した。たとえば、一九七六年にスウェーデン社会民主労働党が総選挙で敗北した理由について、〈日本経済新聞〉の社説は以下のように分析している。

「一世代をはるかに越える超長期の、しかも事実上一党支配の政治に国民があきを感じていたことは否定できない。野党は、この点をつき、長期政権のもとでの中央への権力集中、政府機構にはびこる官僚主義を攻撃した。スウェーデンが世界に誇る社会保障制度も、ますます非人間化する官僚主義、中央管理のもとでは真に国民の要求にこたえるものではなくなりつつあるのかもしれない。物質的満足のみの社会保障は精神面までも含む人間福祉にはほど遠いものである。社民党パルメ政権の福祉政策の破たんは、その政策目標より制度的、行政的欠陥に起因するものといえよう」(＊2)

こうした福祉国家批判が日本で急速に広がった背景には、北欧社会自体の停滞のほかに、第一次石油ショック後の日本の深刻な不況があったのかもしれない。不況の結果、日本政府は福祉に回すべき財政的余裕をなくし、それに伴い政策課題として福祉の優先順位も下げざるを得なかった。また、第3章で触れたように、一九六〇年代から福祉の充実を訴えた日本社会党、日本共産党が地方自治体選挙で革新首長を誕生させていたことも、与党の自由民主党に危機感を与えていた。そのため、一九七〇年代中葉以降、福祉国家の負の側面が政治家、マスコミにより極度に強調されたきらいがある。北欧の福祉国家は、社会のモデルからまさに「反面教師」にされたのである。

その結果、政府は一九七九年（昭和五四年）に『新経済社会七カ年計画』において「新しい日本型福祉社会」の実現を目指すと決定したのである。同計画は、その点について、以下のように説明している。

「欧米先進国へキャッチアップした我が国経済社会の今後の方向としては、先進国に範を求め続けるのではなく、このような新しい国家社会を背景として、個人の自助努力と家庭や近隣・地域社会等の連帯を基礎としつつ、効率のよい政府が適正な公的福祉を重点的に保障するという自由経済社会のもつ創造的活力を原動力とした我が国独自の道を選択創出する、いわば日本型ともいうべき新しい福祉社会の実現を目指すものでなければならない（＊3）」

このように、政府は「個人の自助努力と家庭や近隣・地域社会等の連帯」を重視する日本型福祉社会を提唱することで、北欧の福祉国家に見られる欧米先進国の福祉モデルから訣別したのである。

✧北欧安全保障への新しい見方

こうした北欧イメージの見直しは、安全保障の分野でも顕著であった。それまでの平和国家、中立国家という見方からより詳しい紹介がなされるようになった。また、スウェーデンの中立政策の実態に関しては、学術的な研究も徐々に蓄積されることになった(＊4)。前述のように、一九六〇年代からスウェーデンの武装中立という面が徐々に強調されるようになっており、これは、この時期にさらに発展を見せる。先に挙げた武田龍夫は、一九八一年(昭和五六年)に『戦う北欧――抗戦か・中立か・抵抗か・服従か――』(高木書房)を出版したが、同書はその書名で明らかなように、「戦う」ことに焦点をあてた軍事面から見た北欧研究であった。フィンランド、ノルウェー、スウェーデン、デンマーク、バルト三国の第二次世界大戦中の軍事的動向に焦点をあて、スウェーデン以外の北欧諸国についてもその軍事的苦難を詳しく紹介している。出版の意図について武田は、同書の「まえがき」で次のように述べている。

「ひるがえってわが国においても、ようやく安全保障の問題が本当の意味で真面目に検討され始めようとしている今日の状況下において、第二次大戦におけるこれら北欧四国の嵐の中の航行の軌跡は、とりわけて真剣にわが国の安全保障を考える人々に少なからぬ有益な示唆を与えるものではなかろうか、と筆者は思った(＊5)」

さらに、武田は第二次世界大戦後の北欧諸国の安全保障政策については『白夜の国ぐに――米ソ対立の谷間で――』を一九八五年（昭和六〇年）に出版した。

「……第二次世界大戦後の北欧と日本にとって最大共通の問題が生起していた。言うまでもなく超大国ユーラシアソ連の出現であり、その東西両端ないし周辺国に対する不断の軍事的圧力という問題である。本書は北欧各国の歴史とともに、第二次大戦の戦中と戦後を起点として、ユーラシアソ連の両端に位置する日本および北欧として、わが国安全保障の立場からする北欧各国の安全保障のあり方についての比較論的研究の視野を提示することを目的とするものである」(*6)

このように武田は述べ、「悲劇の国　フィンランド」、「重武装中立国　スウェーデン」、「NATOの槍　ノールウェー」、「NATOの楯　デンマーク」、「NATOの沖縄　アイスランド」の安全保障政策を紹介するのである。結論部分では、武田は日米安全保障体制を「相対的には望み得る最善の政策と言えるかも知れない」としつつも、武装中立を「決して非現実的な選択でもない」と述べ、「この政策展開では、ますます東寄りの姿勢を強めるフィンランドの中立ではなく、本質において西寄りの中立国であるスウェーデンの武装中立の実態と政策が、大いに参考となるであろう」と指摘している。

さらに、この点については次のように述べている。

「戦後、アジアのスウェーデン、スイスたれということがひと頃強く叫ばれたことがあった。しかし両国とも強力な国防体制を有する実態が分ってからはいつか言われなくなってしまったが、実は本来の意味でアジアのスウェーデンたる可能性を模索すべきでないのか――というのが(未整理で詳述の余裕はないが)私の問題提起なのである」(*7)

このように、「平和」、「中立」よりも「武装」に重点を置いたスウェーデン、さらにほかの北欧諸国が日本で注目されたのである。

また、武田の著書のように、この時期にはスウェーデンに加えてそれ以外の北欧諸国の安全保障問題にも関心がもたれるようになった。たとえばフィンランドは、「フィンランド化(**Finlandization**)」という言葉でこの時期頻繁に日本人の間に登場した。(1)それは、ジャーナリスト、評論家のみならず、政治家にも使われた。その典型的な事例は、一九八三年(昭和五八年)六月三日の中曽根康弘首相の発言であろう。(2)中曽根は東京渋谷での参議院選挙街頭演説で「日本も何もしないでいるとフィンランドのようにソ連のお情けをこうような国になってしまう。うっかり手を出したらひどい目にあうという状態にしておかないと平和は守れない。日本がこれだけ繁栄したのは政権交代がないからだ。共産党、社会党ではうまくいくだろうか。口先だけで日本の国が守れるか。どうか自民党を支持してほしい」と述べ、フィンランドに言及した部分について在日フィンランド大使館が注意を喚起する事態に発展したのである。(*8)中曽根らの基本認識は、フィンランドがソ連の圧力の下でその自由、独立を失っているという否定的なイメージであった。[3]なお、この時期、フィンランド外交について、フィンランドの元国連大使ヤコブソン（一九一三〜）の著書（Max Jakobson, *Finnish Neutrality*, London: Hugh Evelyn Ltd., 1968）が元在フィンランド日本国大使の上川洋（一九一五〜一九八〇、在フィンランド大使一九七四〜一九七七）により邦訳された（M・ヤコブソン／上川洋訳『フィンランドの外交政策』日本国際問題研究所、一九七九年）。これは、より正確なフィンランド理解に貢献したと考えられる。

また、ノルウェーの安全保障政策についても、その重要性を指摘する主張がこの時期に出されている。日本外務省のキャリア外交官である岡崎久彦（一九三〇〜）は、一九八三年（昭和五八年）に著した『戦略的思考とは何か』[4]の中で次のように述べている。

「ちなみに、ノルウェー北方の戦略的価値はまさに日本の北海道とよく似ています。ソ連太

---

(1)　たとえば、塚本哲也『フィンランド化――ソ連外交の論理と現実――』（教育社、一九七八年）を参照されたい。武田龍夫も『白夜の国ぐに――米ソ対立の谷間で――』（中公新書、一九八五年）で、「フィンランド化」を国際政治上の用語として定着したものとして紹介している（七〇〜七二ページ）。

(2)　群馬県選挙区選出の中曽根首相（一九一八〜、自由民主党）の任期は、一九八二〜一九八七年。

(3)　中曽根発言を含めて「フィンランド化」論の検証としては、以下を参照されたい。百瀬宏「現実無視の概念の危険なひとり歩き――フィンランド化、中曽根〝失言〟の真意はどこに？――」（〈朝日ジャーナル〉第二五巻第二八号、一九八三年七月一日）。同「フィンランド外交の真の意味――何を学ぶべきか――」（〈世界〉第四五六号、一九八三年一一月）。

平洋艦隊と北洋艦隊はほぼ同じ規模のソ連の二大艦隊であり、有事における太平洋艦隊の出口は宗谷、津軽の二海峡であるのに対して、北洋艦隊の出口は北極海の氷とノルウェーの長い海岸線とのあいだに暖いメキシコ湾流が流れ込んでつくっている細い水路です。したがって、ノルウェーの戦略は、NATO側がノルウェー北岸の基地からソ連北洋艦隊の通行を阻止するのを、ソ連が先制阻止しようとしてノルウェーの北岸を占領してくるのを防衛することが、基本になっています。この意味でNATO北翼の戦略は日本としても、参考によく勉強しておく必要があります」(＊9)

以上のように、一九七〇年代後半から一九八〇年代にかけて北欧諸国の軍事的安全保障について注目が集まったが、こうした軍事を強調した北欧論が政治家、官僚から出されたのも十分理解できる。前述の武田、中曽根、岡崎に共通するのは、日本の安全保障への強い関心であった。一九八〇年代前半は、一九七九年一二月のソ連のアフガニスタン侵攻をきっかけに米ソ間の対立が再び深刻化し「新冷戦」といわれた時期であった。日本国内でも、対ソ脅威論が盛んに唱えられていた。

アメリカ政府からより大きな軍事的貢献を求められていた日本政府関係者にとって、北欧は二重に使えるカードであった。つまり、一方で北欧の厳しい軍事的現実を強調することにより日本の軍備増強を正当化でき、他方でこれまで政府批判に北欧を利用してきた野党勢力の根拠のなさを暴露してその力を弱めることができるからである。こうした問題関心が北欧に投影された結果、軍事的な北欧論が日本で強まったと考えられる。それは、第二次世界大戦以前に見られた現実主義的な北欧イメージを想起させるものである。しかし、一九八〇年代末以降、冷戦が終結し、二大陣営の軍事的対決を前提とした思考方法が時代遅れになると、この軍事的な北欧論も日本において姿を消していったのである。

要人の往来

一九八〇年代には、日本―北欧諸国間の実際の外交関係において新しい傾向が見られた。一九八〇年（昭和五五年）五月、在デンマーク日本国大使として高橋展子（一九一六～一九九〇、任期一九八〇～一九八三）が赴任した。これは、日本外務省創設一一〇年あまりの歴史にお

（4）同書には「フィンランド化（フィンランダイゼーション）」（六、一二〇、一四八、二三七ページ）、「重武装中立のスウェーデン」（一三六ページ）といった表現も見られる。同書についての批判的検討としては、以下を参照されたい。百瀬宏「日本列島の中に『国際関係』を――『国際国家』の『戦略』を問う――」（〈世界〉第四六九号、一九八四年一二月）。岡崎は、同書刊行当時、外務省調査企画部長を務め、その後、情報調査局長、サウジアラビア大使、タイ大使を歴任して一九九二年（平成四年）に退官した。

いて初の女性大使人事であった。日本外務省は高橋を高く買い、史上初の女性大使に指名したのであるが、この背景には何があったのであろうか。

この当時、大平内閣は「開かれた外交」を掲げて民間大使の起用を模索していた。高橋は、労働省の官僚として女性の労働問題に取り組み、婦人課長、婦人少年局長を務めた後、スイスのジュネーブで国際労働機関（ＩＬＯ：International Labour Organization）事務局長補としても活躍し、豊富な行政経験、外国経験を有していたが、すでに退官していたために民間大使構想とも一致するとして選ばれたのである。また、赴任国としてデンマークが選ばれたのは、「治安がよく、社会的に婦人が進出している国」との配慮があった。また、「国連婦人の一〇年」も意識されたことであろう。

国連は、一九七六年からの一〇年を「国連婦人の一〇年」として女性の社会的地位向上に努力しており、中間年の一九八〇年七月にはその世界会議がデンマークのコペンハーゲンで予定されていた。日本で女性の地位が依然として低いのではないかといった批判が外国にあることを憂慮した日本政府は、この会議に女性大使を参加させることで日本女性の地位の高さをアピールしようとしたとも考えられる。高橋は、同年七月に開催されたその会議で日本政府首席代表を務め、その場で女子差別撤廃条約に署名した(5)。署名式を終えて高橋は、「国内の世論が功を奏し、この舞台で署名出来たことはうれしい」と喜びを語ったが、女性の地位向上に努力してきた経歴から考えると、喜びはひとしおであったであろう。

その後、高橋は大使として三年半あまりを無事勤め上げ、その経験を一九八五年（昭和六〇年）に『デンマーク日記――女性大使の覚え書――』（東京書籍）として出版した。そこで高橋は、デンマークを「暮らしよい社会」として高く評価している。[*10]この本について、デンマークの有力新聞〈ポリチケン〉紙は高橋へのインタビューに基づいて同年七月に写真入りで大きく紹介している。そこには、「デンマークは、世界で一番よい国」との見出しが踊っている。[*11]

また、要人の往来でも変化は見られた。一九八〇年代初めごろまで、日本と北欧諸国間で王室、皇室、大統領、首相、閣僚ら要人の訪問は双方向ともきわめてかぎられていた。一九七〇年（昭和四五年）の万国博覧会（大阪）のような国際的イベントがなければ、北欧諸国要人の日本訪問回数は五ヵ国を合計しても年間数件程度であった。そのうえ、日本から北欧諸国への要人の訪問回数はそれ以上に少なかった。しかし、一九八三年（昭和五八年）以降、とくに北欧諸国の大統領、首相、閣僚の日本訪問が増加した。王室関係のみならず、大統領、首相、閣僚らが積極的に日本を訪問するようになり、実務レベルの関係が深まっていった。

これ以後、北欧五ヵ国の要人の日本訪問回数を合計すると毎年一〇件程度にもなった。[*12]とくに、一九八七年（昭和六二年）と一九八九年（平成元年）には北欧諸国要人の日本訪問回数が多くな

（5）女子差別撤廃条約は、一九八一年九月に発効した。日本の批准は、国内法整備のため一九八五年（昭和六〇年）六月となり、翌月に発効した。

っている。一九八七年には王室三件、大統領、首相、国会関係四件、閣僚一〇件を記録している。これは、同年秋に日本で北欧紹介の展覧会、コンサートなどが行われた文化事業「スカンディナヴィア・トゥディ」が開催されたことが大きい。また、一九八九年には王室四件、大統領、首相、国会関係三件、閣僚一二件を記録している。これは同年二月の「大喪の礼」とともに実務的な協力が増えたためであろう。(＊13) これ以外にも、外相などの閣僚が実務協力を行うために来日している。

それに比べると、日本から北欧諸国への訪問は依然として低調であった。しかし、一九八五年（昭和六〇年）はその例外である。(＊14) 同年六月、日本の皇太子・同妃がスウェーデン、デンマーク、ノルウェー、フィンランドを公式訪問したのに加えて、安倍晋太郎外相(6)が同年四月から五月にフィンランド、ノルウェー（ともに公式訪問）、同年六月にスウェーデン（公式訪問）、デンマーク（非公式訪問）を回っている。日本の外相が在職中に北欧諸国をこれほど積極的に訪問したのは、第3章で言及したように、一九六三年（昭和三八年）八月から九月にかけて大平正芳外相がノルウェー、スウェーデン、デンマークを公式訪問して以来である。

フィンランドについては、安倍外相の訪問が日本の外相としては初めてのものであった。安倍外相は同国のコイヴィスト大統領、ヴァユリュネン外相と会談し(7)、とくにヴァユリュネン外相とはサウナでの「裸のつき合い」も行った。(＊15) そのほか、一九八五年九月には増岡博之厚生相（一九二三～、任期一九八四～一九八五）がスウェーデンとフィンランドを非公式訪問している。

この第四期には、日本から首脳レベルの北欧訪問もわずかであるが見られた。一九八六年（昭和六一年）二月二八日に、スウェーデンの現職首相であるパルメがストックホルム市内で暗殺された。日本のマスコミはこの事件を「反核、軍縮と平和の旗手」[＊16]の死、あるいは「軍縮・平和運動の闘士」[＊17]の死として大きく取り上げた。日本人の間では、パルメが野党党首時代に「国連軍縮と安全保障に関する独立委員会」（通称パルメ委員会）の委員長として一九八一年（昭和五六年）一二月に来日し、広島などを訪問したときの記憶が鮮明であり、この事件は大きな悲しみをもって受け止められた。一九八六年三月一五日に行われた葬儀には、日本からは政府特使としての福田赳夫元首相[8]のほか、日本社会党、民社党、日本共産党からも代表が参列した。このときに福田元首相は、カールソン新首相[9]との話の中で、相互の友好に加えて世界平和のために協力していくことで一致している[＊18]。

また、一九八七年（昭和六二年）一月に中曽根康弘首相が首相として初めて公式にフィンランドを訪問した[10]ことも重要であろう（**表6参照**）。零下三〇度を超す大寒波の中、中曽根首相はソルサ首相、コイヴィスト大統領らと会談するなど、精力的に日程をこなしている。このときの訪

（6）山口県選挙区選出の安倍外相（一九二四〜一九九一、自由民主党）の任期は一九八二〜一九八六年。
（7）コイヴィスト大統領（一九二五〜）の任期は一九八二〜一九九四年。ヴァユリュネン外相（一九四六〜）の任期は一九七七〜一九八二年、一九八三〜一九八七年、一九九一〜一九九三年。
（8）群馬県選挙区選出の福田首相（一九〇五〜一九九五、自由民主党）の任期は一九七六〜一九七八年。
（9）カールソン首相（一九三四〜）の任期は一九八六〜一九九一年、一九九四〜一九九六年。

表6　日本現職首相の北欧訪問実績

年　月	日本首相名	訪問国	備　　考
1987年1月	中曽根康弘	フィンランド	東欧諸国等訪問
1995年3月	村山富市	デンマーク	国連社会開発サミット出席
1997年6月	橋本龍太郎	ノルウェー	第1回日本・北欧首脳会談
1999年6月	小渕恵三	アイスランド	第2回日本・北欧首脳会談
2002年9月	小泉純一郎	デンマーク	ASEM（アジア欧州会合）首脳会合

（出所）　外務省〈わが外交の近況〉（途中から〈外交青書〉と改称）各号の要人往来一覧表および外務省「各国・地域事情と日本との関係」(http://www.mofa.go.jp/) により、筆者作成。その他、1978年7月に福田赳夫首相がボン・サミット後、デンマークのコペンハーゲンを経由して帰国している（非公式）。

欧はフィンランド、東ドイツ、ユーゴスラヴィア、ポーランドという冷戦の前線に立つ国々を歴訪して日本外交の幅を広げ、これらの国々への経済支援によりソ連を牽制することなどを狙っていたが(*19)、フィンランドについては前述の「フィンランド化」をめぐる舌禍事件を踏まえて名誉挽回も意図していたのではないかと思われる。ソルサ首相夫妻主催の夕食会での挨拶において中曽根首相は、フィンランドが中立政策を堅持し、東西両陣営の交流促進を盛り込んだ一九七五年の「ヘルシンキ宣言」採択に貢献したことを「世界の平和と安定のための実践」と評価するとともに、「これこそ不撓不屈のフィンランド人魂を表すもの」と称賛している(*20)。

表7は、北欧諸国首脳の日本訪問実績の一覧表である。王室関係者の訪問は儀礼的な意味が強いため表においては除外し、大統領、首相に限定した。フィンランド、アイスランドについては、大統領と首相の両方を数えた。一九八〇年代に北欧諸国首脳の日本訪問回数が増加しているのが表からも明らかである。なお、表にはないが、北欧諸国閣僚の日本訪問

表7　北欧現職首脳の日本訪問実績

年　月	北欧首脳名	出身国	肩　書	備　考
1957年2月	H・C・ハンセン	デンマーク	首相兼外相	SAS北極圏航路就航フライト
1977年12月	A・ヨーウェンセン	デンマーク	首相	社会主義インター首脳会議出席
1977年12月	K・ソルサ	フィンランド	首相	社会主義インター首脳会議出席
1981年10月	A・ヨーウェンセン	デンマーク	首相	非公式
1983年7月〜8月	P・スルター	デンマーク	首相	非公式
1984年11月	K・ソルサ	フィンランド	首相	非公式
1985年1月	M・コイヴィスト	フィンランド	大統領	非公式
1986年9月〜10月	M・コイヴィスト	フィンランド	大統領	国賓
1986年11月	S・ヘルマンソン	アイスランド	首相	非公式
1987年2月	G・H・ブルントラン	ノルウェー	首相	国連環境特別委員会出席
1987年9月	V・フィンボガドッティル	アイスランド	大統領	スカンディナヴィア・トゥディ展出席
1989年2月	M・コイヴィスト	フィンランド	大統領	大喪の礼参列
1989年2月	V・フィンボガドッティル	アイスランド	大統領	大喪の礼参列
1989年9月	H・ホルケリ	フィンランド	首相	IDU（国際民主同盟）出席
1990年11月	M・コイヴィスト	フィンランド	大統領	即位の礼参列
1990年11月	V・フィンボガドッティル	アイスランド	大統領	即位の礼参列
1991年3月	I・カールソン	スウェーデン	首相	公式実務訪問
1991年6月	P・スルター	デンマーク	首相	公式実務訪問
1991年10月	V・フィンボガドッティル	アイスランド	大統領	非公式
1992年1月	G・H・ブルントラン	ノルウェー	首相	公式実務訪問
1993年4月	C・ビルト	スウェーデン	首相	IDU東京会合出席
1993年10月	E・アホ	フィンランド	首相	
1994年3月	D・オッドソン	アイスランド	首相	非公式
1994年5月	G・H・ブルントラン	ノルウェー	首相	社会主義インター理事会出席
1996年4月	V・フィンボガドッティル	アイスランド	大統領	世界女性みらい会議出席
1997年4月	P・T・リッポネン	フィンランド	首相	
1997年9月	M・アハティサーリ	フィンランド	大統領	公式実務訪問
1998年2月	M・アハティサーリ	フィンランド	大統領	長野オリンピック
1998年2月	K・J・ボンネヴィーク	ノルウェー	首相	長野オリンピック
2002年7月	A・F・ラスムセン	デンマーク	首相	日・EU定期首脳協議（EU議長国）

（出所）　表6参照。

回数も同様の傾向を示している。

以上のように、一九八〇年代中葉ごろから、日本―北欧諸国間において要人の往来が活発になった。それは文化交流や儀礼的なものにとどまらず、より実務的なものにも拡大している。この傾向は、次の時期にさらに深まることになった。

✧日本―北欧航空路の充実

要人の往来に見られるように、人の移動が日本と北欧諸国との間で活発化するのに伴い、この時期、それを支える航空路も充実することになった。一九八三年（昭和五八年）四月にフィンランド航空が、東京―ヘルシンキ間に北極上空を飛ぶノンストップ便を開設した（当初週一便。一九八八年から通年週二便）。これは日本―ヨーロッパ間の初のノンストップ便であった。その後、一九九一年（平成三年）には北極上空ルートがシベリア上空ルートに変更され、東京―ヘルシンキ便は日本―ヨーロッパ間を最短・最速で結ぶ路線となった。これにより、所要時間は一〇時間を切ることになった。また、一九九五年（平成七年）には大阪―ヘルシンキ便も開設された（二〇〇〇年から一時運休中）。(*21)

一九五〇年代から日本―北欧間を結んでいたスカンジナビア航空も、所要時間の短縮に努力し、一九七一年（昭和四六年）四月にコペンハーゲン－モスクワ－東京便を開設した。所要時間は一三時間であった。また、一九八七年（昭和六二年）九月にはシベリア上空ルートの東京－コペンハーゲン間ノンストップ便を開設した。所要時間はコペンハーゲン行きが一一時間三〇分、東京行きが一〇時間三〇分であった。一九五〇年代後半に三〇時間以上を要していたことを考えると、日本と北欧は格段と近い存在となったのである。さらに、一九八九年（平成元年）四月、スカンジナビア航空は全日空との共同運航便を東京とスウェーデンのストックホルムとの間に開設した[11]。また、一九九四年九月に大阪－コペンハーゲン便、一九九五年四月に大阪－ストックホルム便も開設したが、両便とも一九九七年三月に運航中止となった[*22]。

日本航空は、一九六一年（昭和三六年）六月に東京－コペンハーゲン便（アンカレッジ経由）を開設し、同便は一九九一年からシベリア直行便となった。しかし、一九九二年に同便は廃止された。

以上のように、一九八〇年代から一九九〇年代中葉まで、日本－北欧間の航空路線は拡大の一途を辿ったが、一九九〇年代後半以降、日本の景気低迷と航空業界の競争激化のために路線の見直しが急速に進むことになった。

(10)　ソルサ首相（一九三〇～）の任期は一九七二～一九七五年、一九七七～一九七九年、一九八二～一九八七年。
(11)　当初、アンカレッジ経由。一九九〇年八月以降、ノンストップ運航。一九九三年五月以降は、スカンジナビア航空の自主運航。一九九七年一〇月に運航中止。

第5章

実務協力の進展

——第五期：一九八〇年代末〜現在——

「デンマークが世界の先進資本主義国家に問うているものは、我々の予想をはるかに超えるものだった。この『小さい』国に学ぶべきものは、じつに『大きい』のではないだろうか」（岡本祐三『デンマークに学ぶ豊かな老後』）

「日本では政治家を含めて、いまだ北欧の諸国について陳腐で誤った常識が根強くはびこっています。北欧諸国は経済小国だ、人口も少ない、いったいそんな小国が、経済大国日本の参考になるのか、というものです。いろいろ理想を追い求めているとしても、それは少ない人口だからこそ可能なんだ、と。もう一つは、スウェーデンはじめ北欧は福祉亡国に陥ったという意図的なプロパガンダですね。これらの大錯覚はいまなお少なからぬ知識人の心にしみついているのが現実です」（内橋克人、ケンジ・ステファン・スズキ「〈対談シリーズ〉『生活大国』デンマークから何を学ぶか」『世界』）

「本日の議論を通じ、改めて、北欧諸国が地球規模の問題に関心を持ち、既に行動し、成果を上げている、同時に、日本と北欧が知見とビジョンを共有するパートナーとして協力することが重要であるということを改めて感じた」（橋本龍太郎首相「日・北欧共同記者会見」）

✧福祉政策の再評価

一九八〇年代末以降、日本において北欧に対する見方は急速に変化した。第四期に見られたような否定的な側面は影をひそめ、逆に北欧を再評価する論調が目立ち始めたのである。また、この時期に特徴的なことは、日本側が一方的に北欧をながめるという形を脱し、日本と北欧諸国との間で意見交換、さらに実務協力が見られたことである。これは、さまざまな分野で指摘できるが、ここでは「福祉」、「北欧民主主義」、「北欧外交」の三つの側面を紹介したい。

まず、北欧の福祉が再評価され始めた。スウェーデン、デンマークの福祉政策が注目され、寝たきり老人がおらず、身体障害者を含めた社会的弱者に配慮した社会づくりに共感と羨望が寄せられた。とくに、スウェーデンのみならずデンマークにも日本人の関心が広がったことはこの時期の目新しい傾向である。[1] 一九九〇年（平成二年）、医師の岡本祐三は『デンマークに学ぶ豊か

（1）　スウェーデンの福祉政策については、たとえば以下を参照されたい。社会保障研究所編『スウェーデンの社会保障』（東京大学出版会、一九八七年）。外山義『クリッパンの老人たち――スウェーデンの高齢者ケア――』（ドメス出版、一九九〇年）。竹崎孜『生活保障の政治学――スウェーデン国民の選択――』（青木書店、一九九一年）。丸尾直美『スウェーデンの経済と福祉――現状と福祉国家の将来――』（中央経済社、一九九二年）。

な老後』（八五ページ前掲）において、デンマーク、アメリカ、日本の老人福祉を比較した。その理由として次のように述べている。

「日本人が酪農製品、特に外国産のものに本格的に馴染み出したのは比較的最近であるのに、極北に近い小国デンマークは、その遠隔の地にもかかわらず『平和で豊かな酪農国』のイメージとともに意外と日本での知名度が高い。それについては、敗戦後のある時期に、日本の国づくりのひとつのモデルとして、わが国の多くの人々がこの国に寄せた関心の高まりが与って大きい。その後デンマークは、北欧福祉国家群の中心として着実な歩みを遂げるが、日本では周知のごとく、国づくりの導きの星としてアメリカを選び、圧倒的なアメリカ化の波に飲み込まれてしまう。そして今日、高齢化社会を迎え、日本の社会制度の構造的欠陥が、『寝たきり老人』問題に集約的に現出しつつあるようだ。そしてアメリカにおいてもまた。これまでの日本の選択に間違いがなかったかどうか、今一度この両国との比較の中で考えてみたいと思う」

さらに、現地調査に基づく分析を通じて、岡本は「デンマークが世界の先進資本主義国家に問うているものは、我々の予想をはるかに超えるものだった。この『小さい』国に学ぶべきものは、じつに『大きい』のではないだろうか」、「北欧諸国が素晴らしい社会保障制度を築きあげてきた背景には、高い生産性に基づいて、公正な富の再配分を実現しようとする、合理的で精密な経済思想がある。それが歴史的な教訓に裏打ちされて、公的制度の整備充実を主軸とした社会制度となっているのである。老後不安もなく、真の『豊かな』社会を実現しているこれらの国々の、社会保障制度を支える経済の仕組みについて、今一度謙虚にそして本格的に学ぶべき時が来ているのではないか」と結論づけている(*1)。

岡本の紹介と同時期にデンマークの福祉政策を高く評価した紹介としては、当時朝日新聞論説委員であった大熊由紀子（一九四〇～）が執筆した『「寝たきり老人」のいる国いない国――真の豊かさへの挑戦――』もある(*2)。これらの文献がデンマークに注目したのは、社会的弱者の生活の質をいかに維持し、ノーマライゼーションを推進するかという点でデンマークがユニークな存在であったからであろう。同国は、「ナーシングホーム(2)」のほか在宅ケアを可能にするさまざまなサービスを行い、質の高い生活を当然の権利として老人らに保障している。日本の現状と比べて、そのあまりにも大きな落差に衝撃を受けたことが執筆の動機になっているように思われる。

デンマークへの関心はこれ以降も続き、福祉のみならず環境政策や教育などにも拡大を見せ、今日に至っている。たとえば、評論家の内橋克人（一九三二～）はデンマークから積極的に学ぶべきことを唱え、以下のように指摘している。

「日本では政治家を含めて、いまだ北欧の諸国について陳腐で誤った常識が根強くはびこっ

（2）介護スタッフが常駐し、施設も老人が暮らしやすいように改良がなされた老人用集合住宅。

ています。北欧諸国は経済小国だ、人口も少ない、いったいそんな小国が、経済大国日本の参考になるのか、というものです。いろいろ理想を追い求めているとしても、それは少ない人口だからこそ可能なんだ、と。もう一つは、スウェーデンはじめ北欧は福祉亡国に陥ったという意図的なプロパガンダですね。これらの大錯覚はいまなお少なからぬ知識人の心にしみついているのが現実です。私はよく言うのですが、デンマークにしてもスウェーデンにしても、本当の意味での経済大国だ、と。実際、一人当りのGDPではまさに世界トップクラスです。日本の比ではない。仮に、絶対額からみて生産大国でないとしても、社会の付加価値とかインフラの充実度、それに農業、ITなど先端産業は抜群に強い。『経済大国』でない、というのなら、むしろ誇るべき『生活大国』というべきです。不勉強ゆえに日本の知識人はこの実態を知らないわけですね」(＊3)

最近では、以上のスウェーデン、デンマークに加えて、フィンランド、ノルウェーの福祉の現状についても日本で紹介がなされ、北欧全体に関心が広がりつつある(3)。

こうした福祉面を中心とする北欧社会の再評価には、いかなる背景があったのであろうか。それは、日本の状況の変化である。日本は一九八〇年代に入り、急激に少子・高齢化が進展してきた。その速度は北欧よりも速く、史上稀に見るものであり、短期間のうちに北欧の現状を上回る社会となることが現実のものとなりつつあった。そのため、これを乗り切ろうと、すでに少子・

高齢化社会であった北欧諸国に日本人の目が向いたのである。実際に、日本から多くの視察団がスウェーデン、デンマークなどの北欧諸国を訪問し、調査を行い、実際に現場で研修を積む者も現れた。このように、単なるあこがれでは済まない切実な状況が日本に生じた結果、この時期の福祉面の北欧紹介はきわめて実務的、専門的な色彩を帯びることになった。

さらに、新しい取り組みも見られる。これまで日本側は北欧諸国の福祉を学ぶために夏休みの期間を中心に現地の福祉施設に押しかけて視察をするが、多くの場合、福祉の現状について現場の専門家とじっくり情報交換をすることもなかった。そのため、北欧諸国の福祉の現場は時間、人手をとられ、一方的に負担を強いられるのみで「困惑」すら生む結果になっていた。それを反省して、在スウェーデン日本国大使館に厚生省（現・厚生労働省）から出向で勤務した書記官OBは、一九九五年（平成七年）に「双方向の情報交換」をめざし、「専門家による草の根交流」を企画した。つまり、スウェーデンの現場の専門家を日本に招き、シンポジウムで情報交換を行

（3）　フィンランド、ノルウェーの福祉政策について、たとえば以下を参照されたい。仲村優一、一番ヶ瀬康子編『世界の社会福祉1　スウェーデン・フィンランド』（旬報社、一九九八年）。同編『世界の社会福祉6　デンマーク・ノルウェー』（旬報社、一九九九年）。白鳥令編『福祉国家の再検討』（新評論、二〇〇〇年）。『福祉国家の再検討』は、一九九六年（平成八年）一〇月に東京で開催された北欧とアジアの福祉国家に関する国際シンポジウムのペーパーを翻訳したものである。北欧については、デンマーク、フィンランド、ノルウェー、スウェーデンを扱っている。

い、さらに日本の福祉の現場を視察してもらったのである。(*4) 福祉に関してはいまだに日本から北欧への一方的な視察が続いているが、この取り組みに見られるように、福祉において日本と北欧との間で実務面の協力を推し進めることは日本にとっても北欧諸国にとっても実り多いものとなろう。そのためにも、双方向で情報の交換、人材の交流を積み重ね、共同研究、技術協力などを行うことが必要となっている。

北欧政治への関心

次に、政治面でも北欧に注目が集まった。この動きは一九八〇年代から徐々に見られたが、一九九〇年代に一気に進んだ。とくに、北欧の民主的な政治制度、さらにそれを支える人々の成熟した政治意識にまで関心は及んだ。それに関して、政治学者の岡沢憲芙（一九四四〜）はスウェーデンの政治制度、社会制度を詳細に紹介した一連の研究を発表した。(4) また、スウェーデン在住の日本人であるヤンソン由実子（一九四三〜）は、「制度改革がかなり急進的に行われたスウェーデンの変化を見ることによって、私たちのいる位置が相対的に見えてくるのではないか」という狙いをもって、スウェーデンにおける男女平等の取り組みを紹介した。(*5)

このように、まずスウェーデンが民主的な政治を行う国として重点的に紹介された。このスウエーデンに加えて、男女平等の模範的な国としてノルウェーも注目された。(5) とくに、一九八六年に発足したブルントラン第二次内閣では、女性のブルントラン首相（一九三九～、任期一九八一年、一九八六～一九八九年、一九九〇～一九九六年）以外にも一七閣僚中七人を女性が占め、これは一九九〇年に発足したブルントラン第三次内閣（首相を除く一八閣僚中八人が女性）でも踏襲された。これは、ノルウェーが男女平等の先進的な国との印象を世界に与えた。

この点では、ほかの北欧諸国も優等生であり、現在では北欧全体が高く評価されている。たとえば、女性のフィンボガドッティル（一九三〇～、任期一九八〇～一九九六）が大統領を務めていたアイスランドも日本に紹介された。同大統領は男女共同参画社会づくりのための会議「世界女性みらい会議」（埼玉県主催）に出席するため、一九九六年（平成八年）四月に日本を訪問している。(*6)

---

(4)　たとえば、以下の文献を参照されたい。岡沢憲芙『スウェーデンは、いま――フロンティア国家の実験――』（早稲田大学出版部、一九八七年）。同『スウェーデン現代政治』（東京大学出版会、一九八八年）。同『スウェーデンの挑戦』（岩波新書、一九九一年）。同『スウェーデンを検証する』（早稲田大学出版部、一九九三年、増補版一九九六年）。同『おんなたちのスウェーデン――機会均等社会の横顔――』（日本放送出版協会、一九九四年）。

(5)　三井マリ子『ママは大臣　パパ育児――ヨーロッパをゆさぶる男女平等の政治――』（明石書店、一九九五年）。同『男を消せ！――ノルウェーを変えた女のクーデター――』（毎日新聞社、一九九九年）などを参照。

フィンボガドッティル大統領（アイスランド発行切手「共和国50周年記念」、1994年）

これらの、北欧政治に対する関心の背景には何があったのであろうか。それは、日本政治の混迷と男女共同参画社会の要請であったであろう。自由民主党の長期政権に伴う汚職事件が一九八〇年代後半になっても続き、政治への不信感が国民の間に高まり、一九九〇年代に入ると公職選挙法改正、政党助成法施行などの政治制度改革が進むことになった。さらに、自由民主党の長期政権自体が終焉し、政党の再編成が続いた。こうした状況は、他国の民主主義、政治制度への関心を呼び、中でも長年にわたって安定した政治を行ってきた北欧民主主義は人々の注目を集めたのである。また、一九九〇年代に日本で男女共同参画社会づくりが重要な政治課題として進みつつあった状況も、北欧への関心をさらに強めることに寄与したであろう。

前述の岡沢は、スウェーデンに注目する理由として以下のように述べている。

「理由の一つは、多くの国がいずれ直面するであろう、問題の多くをすでに経験しているフロンティア国家、それがスウェーデンであるからだと思う。スウェーデンがいま経験している問題の多くを、いずれ日本が経験することになろう。二〇世紀の後半から二一世紀の初頭に向けて、日本が直面する政策課題の多くを、スウェーデンはすでに経験し実践してきた。これからの日本の政策課題は、高齢化・国際化・高度情報化・成熟化だろうといわれている。経済がある一定の成長水準に達した時、『真の豊かさとは何か』を問う政策課題が私たちの前に立ちはだかる。統計数字や量ではなく、一人ひとりの市民の日常生活での質が問われてくるであろう。（中略）これからの日本が直面するであろう政策課題の多くを、スウェーデンはすでに経験し実践してきた。私たちはこのユニークな、〈実験国家〉の経験から、その光と影、もしくは栄光とディレンマ、問題点、困難を学習することができるのではないか」(*7)

さらに岡沢は、「確かに、《生活大国》を目指す日本にスウェーデンは貴重なヒントを提供してくれよう。その一方で、〈小さな経済大国〉の復活をかけるスウェーデンに日本は貴重なノウ・ハウを提供できよう。《経済大国》と《生活大国》のそれぞれのモデルとしてそれぞれが世界的な評価を得ている。ソフト互換の時代にやっと突入したのではないか。相互交流の濃密化を期待したい」と述べ(*8)、日本とスウェーデンとの協力の可能性にも言及している。

こうした北欧政治を評価する見方は、政治家にも共有されつつある。二〇〇二年（平成一四年）八月に朝日新聞社が公表した「国会若手一〇一議員調査」は、それを端的に示している。これは、衆議院当選三回以下、参議院当選二回以下で五〇歳未満の国会議員一五六人を対象とし、一〇一人（自民党二四人、民主党四五人、公明党九人、自由党七人、共産党八人、社民党五人、その他三人）から回答を得たものである（回答率六四・七％）。それによれば、「日本が今後、モデルとすべき国はどこだと思いますか。（自由回答）」との質問に対して、回答した一〇一人のうち五五人が国名なしであったが、国名を挙げた四六人のうち上位はイギリス一三人、スウェーデン一一人および北欧一人、ドイツ九人であった。アメリカを挙げたのはわずか二人であった。スウェーデンおよび北欧は、民主党（六人）、社民党（四人）、共産党（一人）、無所属（一人）の議員から支持を得ている。これについて、同記事は「米国流の苛烈な競争社会よりも、欧州社会の成熟と共生への模索に対する共感がみてとれる」としている（＊9）。

この調査は政府与党議員よりも野党議員の回答が多かったため、野党の声がより強く反映されていると考えられるが、モデルとしてスウェーデンが第二位にランクされたことはきわめて印象深い。バブル経済の崩壊後、経済的にも政治的にも混迷を続ける日本にとって、従来とは異なる政策が求められている結果であろう。

北欧外交への関心

この時期、北欧外交も新しい観点から注目を浴びた。冷戦が終結したこの時期は、以前のようなスウェーデンの武装中立といった軍事面ではなく、北欧諸国がこれまで地道に積み重ねてきた国際貢献に人々の目が集中した。具体的には、国連平和維持活動（PKO）、政府開発援助（ODA）、環境対策、対ロシア支援などさまざまな政策が取り上げられた。これらはどれも、北欧諸国が世界的に活躍する分野であった。たとえば、国連発足以来、北欧諸国は国連PKOに対して協力を惜しまず、一九六〇年代には「北欧国連待機軍」という制度を設け、国連の要請に迅速に対応できるようにした。冷戦終結後は、国連以外のPKOにも協力を拡大している。スウェーデンだけでも、これらのPKOにこれまで一〇万人の要員を提供してきた。また、ODAに対しても北欧諸国は一貫して積極的であり、とくにスウェーデン、デンマーク、ノルウェーはGDP（国内総生産）の一パーセント前後の金額をこれに回している。それは国連の定める目標値GDPの〇・七パーセントを大きく上回り、世界最高水準にある。

こうした活動は、日本の関心を集めることになった。冷戦の終結後、新しい国際情勢において日本はさまざまな貢献を世界から求められることになった。それは、従来のアメリカとの二国間関係を最優先する受動的な貢献ではなく、アジア、さらには世界的規模の問題に対するより能動的な貢献であった。たとえば、カンボジア支援では、日本は国連の活動を支えるPKO要員の提供を求められ、一九九二年（平成四年）に自衛隊を国連のPKOのために初めて派遣した。その直前の同年七月から八月に、日本政府は国連のPKO活動についての研修のため、自衛隊員三五人をスウェーデンの国連訓練センターに派遣している。(*10) また、日本は一九九一年（平成三年）ころから急遽多くの調査団を北欧各国に派遣して、国連ＰＫＯ協力の実態について調査を行ったのである。この日本政府の北欧接近は、ＯＤＡなどそのほかの分野でも顕著であり、日本－北欧諸国政府間で政策協議が実施されるようになった。このように、日本と北欧諸国は直面する共通の問題でできるところから協力していこうとしているのである。

政治対話の拡大

それを踏まえて、日本の首相と北欧五ヵ国首相との間で合同の首脳会談がこれまで二回開催されている。一九九七年（平成九年）六月にノルウェーのベルゲンでの会談[＊11]に橋本龍太郎首相[6]が、一九九九年（平成一一年）六月にはアイスランドのレイキャビクでの会談[＊12]に小渕恵三首相[7]が出席し、福祉、環境、国連ＰＫＯ、対ロシア支援などの問題について北欧五ヵ国首相と意見交換を行ったのである。橋本首相は首脳会談後の記者会見で、会談の意義について以下のように述べている。

「本日の議論を通じ、改めて、北欧諸国が地球規模の問題に関心を持ち、既に行動し、成果を上げている、同時に、日本と北欧が知見とビジョンを共有するパートナーとして協力することが重要であるということを改めて感じた。今後とも様々なチャンネルを通じ、今回の会談でスタートした日本と北欧との協力のモメンタムを維持していきたい、今後も日本と北欧の首脳会談を開催していきたいと申しあげ、歓迎の意思を表明していただいた」[＊13]

これら二回の首脳会談は、北欧五ヵ国の定期的な首脳会議の場にサミット（先進国首脳会議）帰りの日本首相が立ち寄るという形でなされた。会談自体は短時間であり、日本側の都合を最優先し、長期外遊中の休養といった色彩がきわめて強いものであったが、日本の首相が北欧を訪問し、さまざまな国際問題について北欧諸国首脳と意見交換をしたという点では一定の評価はできるであろう。たとえば、一九九九年にアイスランドを訪問した小渕首相は、北欧諸国首脳との合同会談とは別にアイスランド首相との二国間会談も行い[＊14]、さらに世界最古の議会といわれるアイスランド国会を表敬訪問している。二〇〇〇年に刊行されたアイスランド国会の紹介パンフレットは、小渕首相が同国会を訪問したときの写真を国際協力の欄に大きく載せている[＊15]。これは、小渕の訪問を評価してくれた結果であろう。この事例に示されるように、日本の政治家が実際に外国を訪問し、現地の政治家らと交流を深めることは、日本の存在を大きくアピールする絶好の機会となるのである。

（６）岡山県選挙区選出の橋本首相（一九三七〜、自由民主党）の任期は一九九六〜一九九八年。
（７）群馬県選挙区選出の小渕首相（一九三七〜二〇〇〇、自由民主党）の任期は一九九八〜二〇〇〇年。

コペンハーゲンで開催されたASEM 4（2002年9月）
における小泉首相（後列中央）
写真提供：欧州委員会視聴覚ライブラリー

二〇〇二年（平成一四年）九月には、ASEM（アジア欧州会合）第四回首脳会合がデンマークのコペンハーゲンで開催され、小泉純一郎首相[8]が出席した。二〇〇二年後半のEU議長国であるデンマークのフォー・ラスムセン首相[9]をはじめ、ヨーロッパ各国、さらにアジア各国の首脳と意見交換を行った[*16]。

こうした首脳会談は、北欧各国首脳の日本訪問、日本首相の北欧各国訪問で個別にもなされている。二〇〇二年現在の現職首脳（王室、皇室は除く）の相互訪問実績は、前述の**表6**（一四〇ページ）、**表7**（一四一ページ）の通りである。**表8**は、**表7**に基づいて北欧諸国首脳の日本訪問回数を各年代別に示したものである。一九九〇年代に、日本－北欧諸国間の首脳の訪問回数が一九八〇年代よりもさらに増加しているのが分かる。日本の首相と北欧諸国首脳の訪問回数を比べると、北欧諸国首脳の方がより積極的に訪問している。さらに、閣僚（大統領、首相を除く）の相互訪問実績は、第四期の一九八〇年代中葉ごろから外相のほか、さまざまな分野の閣僚が相互に訪問する傾向が強まっていたが、一九九〇年代にはさらに頻繁になっている（**表9**、**表10**参照）。北欧諸国閣僚の日本訪問回数は、長年、五ヵ国を合計しても年間一〇件に満たない程度で推移してきたが、一九九三（平成五年）年には一五件を記録している。(＊17)とくに、北欧諸国の経済関係担当の閣僚が日本を訪問する機会が増えている。

また、最近の新しい傾向として、北欧諸国の政治家がＥＵの一員として来日している。たとえば、一九九七年（平成九年）一二月に京都で開催された地球温暖化防止会議は京都議定書を生み出したが、その会議にはＥＵ代表としてビアゴー欧州委員会委員（環境担当）（一九四一〜、任期一九九五〜一九九九）が出席し、ＥＵの顔として活躍した。彼女は、デンマークの政治家（社会民主党）である。

二〇〇一年（平成一三年）一月には神戸でＥＵ・アジア諸国間のＡＳＥＭ（アジア欧州会合）蔵相会議が開かれたが、これにはＥＵ側の一員としてデンマーク経済相、フィンランド蔵相、ス

(８)　神奈川県選挙区選出の小泉首相（一九四二〜、自由民主党）の任期は二〇〇一年から。
(９)　フォー・ラスムセン首相（一九五三〜）の任期は二〇〇一年から。

表 8　北欧諸国現職首脳の年代別日本訪問回数

	1950年代	1960年代	1970年代	1980年代	1990年代	2000年代	計
デンマーク	1	0	1	2	1	1	6
フィンランド	0	0	1	5	5	0	11
アイスランド	0	0	0	3	4	0	7
ノルウェー	0	0	0	1	3	0	4
スウェーデン	0	0	0	0	2	0	2
計	1	0	2	11	15	1	30

（出所）　表 7 参照。なお、王室関係者は除外した。

表 9　北欧諸国現職閣僚の日本訪問回数（過去15年間）

	87	88	89	90	91	92	93	94	95	96	97	98	99	00	01	計
デンマーク	0	3	5	0	0	3	7	2	4	2	2	2	1	3	1	35
フィンランド	2	4	0	1	1	1	1	3	1	4	3	1	1	1	5	29
アイスランド	1	0	0	1	0	0	0	1	1	1	1	0	0	0	2	8
ノルウェー	3	0	2	3	1	2	5	0	2	0	1	3	2	1	4	29
スウェーデン	4	1	5	2	4	5	2	1	1	3	2	1	1	1	3	36
計	10	8	12	7	6	11	15	7	9	10	9	7	5	6	15	137

（出所）　表 6 参照。なお、大統領、首相は除外した。また、閣僚が 1 年に複数回日本を訪問した場合は、それぞれ別の訪問として数えた。

表10　日本現職閣僚の北欧諸国訪問回数（過去15年間）

	87	88	89	90	91	92	93	94	95	96	97	98	99	00	01	計
デンマーク	0	0	0	0	1	0	1	0	0	1	0	0	0	0	0	3
フィンランド	0	0	0	0	0	0	0	0	0	0	0	0	2	1	0	3
アイスランド	0	0	0	0	0	0	0	0	0	0	0	0	0	0	0	0
ノルウェー	0	0	0	0	1	0	0	0	0	0	0	0	0	1	0	2
スウェーデン	0	1	1	1	0	1	0	0	1	0	0	1	1	0	1	8
計	0	1	1	1	2	1	1	0	1	1	0	1	3	2	1	16

（出所）　表 6 参照。なお、首相は除外した。

ウェーデン蔵相も出席している。(＊18) なお、この二〇〇一年前半はスウェーデンがＥＵ議長国を務めていたため、ＥＵ側のまとめ役としてスウェーデン蔵相が精力的に活動した。さらに、前述の京都議定書の発効問題がアメリカ政府の消極的対応で不透明となる中、二〇〇一年七月、ＥＵは日本政府との意見交換を目的として閣僚級の代表団を日本に派遣した。その代表団には、二〇〇一年前半にＥＵ議長国であったスウェーデンのイェルム＝ヴァレーン副首相（一九四三〜、任期一九九八〜二〇〇二）、スウェーデン出身のヴァルストレーム欧州委員会委員（環境担当）（一九五四〜、任期一九九九〜）が含まれていた。(＊19)

二〇〇二年（平成一四年）七月には、第一一回日・ＥＵ定期首脳協議が東京で開催されたが、小泉純一郎首相はプローディ欧州委員会委員長（一九三九〜、任期一九九九年〜）、二〇〇二年後半のＥＵ議長国デンマークのフォー・ラスムセン首相、フィンランド出身のリーカネン欧州委員会欧州委員（企業・情報社会担当）（一九五〇〜、任期一九九九〜）らと日－ＥＵ関係、テロ対策、中東・アフガニスタン情勢などについて多角的に議論した。(＊20) このように、北欧諸国の閣僚あるいは政治家が各国の代表として来日するのではなく、ＥＵ代表団の一員として来日する例が増えている。

日本－北欧諸国間の閣僚会談は、相互に訪問する以外に第三国を舞台になされることもある。たとえば、一九九六年（平成八年）三月にタイのバンコクで開催されたＡＳＥＭ第一回首脳会合の際、日本はデンマーク、フィンランド、スウェーデンと外相会談を行い、同年九月の国連総会

の際にはデンマーク、ノルウェーとも外相会談を行っている。(＊21)

こうした状況は、日本－北欧諸国間において意見交換、実務協力が進展していることを反映していると考えられる。一九九〇年代は、まさに日本－北欧政治関係において新時代を画したのである。無論、こうした関係緊密化の背景には、ポスト冷戦下で政治協力の必要性が高まったことに加えて、経済的利益を得ようとする意図も双方にあったのはいうまでもない。とくに、一九八〇年代後半から北欧の各企業にとって日本市場、アジア市場はきわめて魅力的なものに映った。一九九〇年代に北欧諸国の経済停滞が顕著になると、それを打開する市場として、日本市場はさらに期待されたのである。その結果、北欧各国政府はアジアとの関係を重視する方向にある。

たとえば、スウェーデン政府は日本を含むアジアとの関係を深化させるために一九九七年から作業グループを発足させ、スウェーデンのアジア戦略を作成した。(＊22)また、日本側にとっても、一九八〇年代末からEC（欧州共同体）の域内市場の動きがヨーロッパで進展し、ヨーロッパ市場の閉鎖性が懸念されたため、ECの外に位置した北欧諸国（デンマーク以外の四ヵ国）の動向は注目されたのである。(＊23)以上のような政治、経済両面の関係緊密化は、今後も続いていくと思われる。

✧姉妹都市提携の増加

　第五期は、日本－北欧諸国間で単に中央政府レベルの交流が活発になっただけではなく、地方自治体間の関係も徐々に緊密になり始めた。地方政治家、自治体職員、住民らが日本－北欧関係の一翼を担うようになったのである。これは、より幅広い関係が構築され始めた点で無視できない動きである。

　日本の、どの自治体が北欧の自治体と姉妹都市提携を結んでいるのであろうか。**表11**は、二〇〇二年三月現在の日本－北欧諸国間の姉妹都市提携の一覧である(＊24)。その提携年を図にしたのが**図4**であるが、これを見ると、一九九〇年代以降、提携数が急激に増加したのが分かる。一四提携のうち、九提携が一九九〇年代以降に締結されている。**図5**と**図6**は、姉妹都市提携をした日本と北欧の自治体を地図に示したものである。特徴として、日本の北国の自治体がやや多い。同じ寒冷地として親近感があり、共通の問題を抱えていることもプラスに作用したのであろう。

　また、一九九〇年代には、地方自治体、商工会議所、企業などが支援をして、北欧に関するテーマパークが日本各地に造られた（**ブレイク5**参照）。たとえば、千葉県船橋市に「アンデルセン公園」、愛知県安城市に「安城産業文化公園デンパーク」、岡山県倉敷市に「倉敷チボリ公園」がある。船橋市と安城市の事例は、姉妹都市提携と関連してつくられたものである(＊25)。

表11　日本・北欧諸国姉妹都市提携一覧

北　　欧	日　　本	提携年月日
デンマーク		
①オーデンセ市（Odense）	千葉県船橋市	1989年4月6日
②コリング市（Kolding）	愛知県安城市	1997年4月24日
③グラズサクセ市（Gladsaxe）	東京都台東区	2000年4月17日
フィンランド		
④ラヌア郡（Ranua）	青森県岩崎村	1990年6月26日
⑤ケミヤルヴィ市（Kemijärvi）	北海道壮瞥町	1993年5月22日
⑥ハウスヤルヴィ町（Hausjärvi）	北海道奈井江町	1995年4月1日
⑦ユバスキュラ市（Jyväskylä）	埼玉県新座市	1997年8月23日
ノルウェー		
⑧リレハンメル市（Lillehammer）	新潟県塩沢町	1972年10月3日
⑨オップダル市（Oppdal）	秋田県田沢湖町	1975年3月10日
⑩フログン市（Frogn）	北海道広尾町	1996年10月22日
スウェーデン		
⑪ウッデバラ市（Uddevalla）	愛知県岡崎市	1968年9月17日
⑫レクサンド市（Leksand）	北海道当別町	1987年10月5日
⑬レトヴィック市（Rättvik）	滋賀県湖東町	1994年11月1日
⑭ソレフテオ市（Sollefteå）	北海道枝幸町	1996年11月4日

（出所）　自治体国際化協会ホームページ〈http://www.clair.nippon-net.ne.jp/〉により、筆者作成。

図4　年代別日本・北欧諸国姉妹都市提携

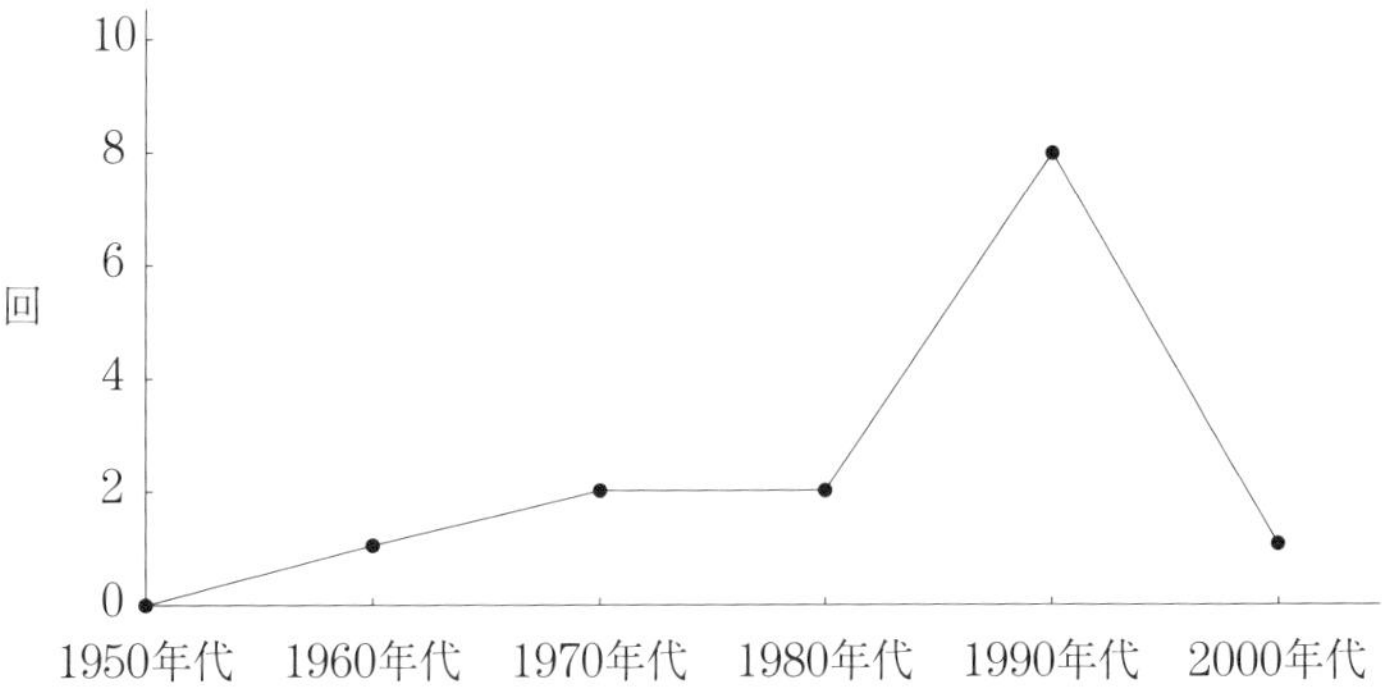

図5　姉妹都市提携　地図（日本）

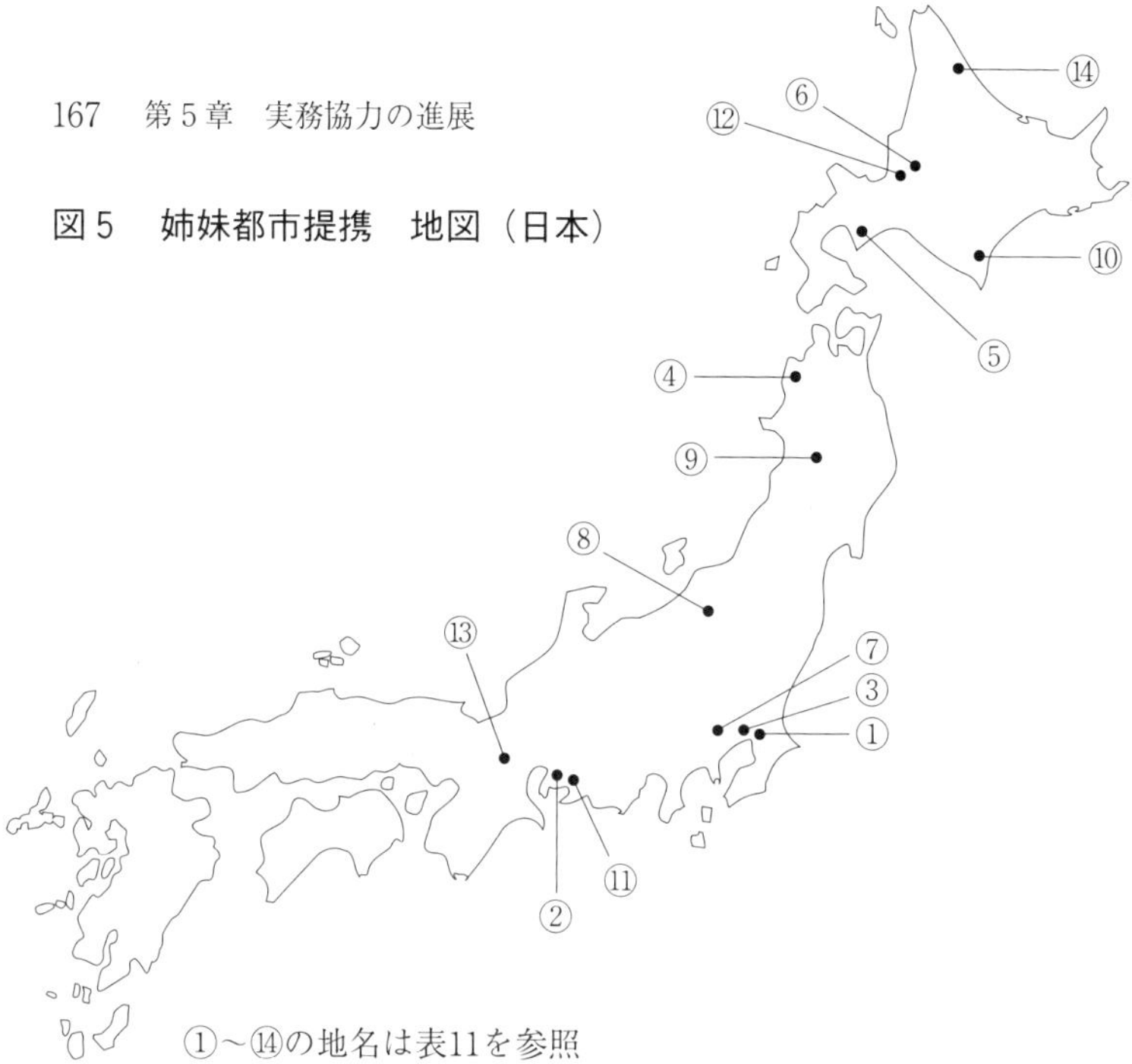

①～⑭の地名は表11を参照

図6　姉妹都市提携　地図（北欧）

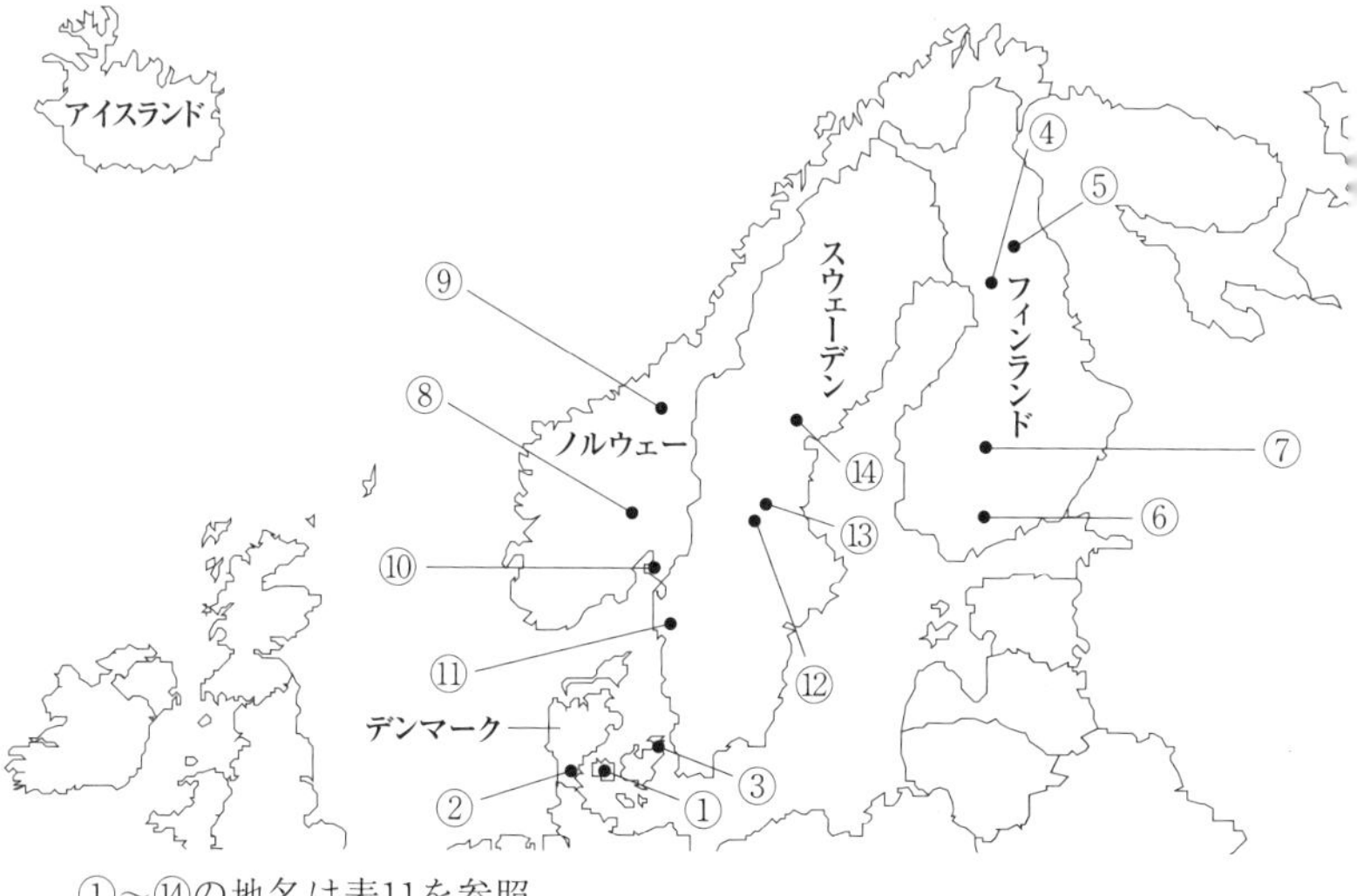

①～⑭の地名は表11を参照

日本に建設する話も出た。当初、岡山市が市制100周年記念事業としてこれを企画したが、市議会の反対などで建設計画は難航した。最終的に、岡山県、倉敷市などを出資者とする第三セクター「チボリ・ジャパン」が運営する「倉敷チボリ公園」が1997年７月に倉敷市のJR倉敷駅前に開園した。本場のチボリを基本的に再現し、公園、遊園地、ショッピング・レストラン街をあわせた形をとっている。

安城産業文化公園デンパーク
（愛知県安城市）

これらのテーマパークは、日本人に北欧を身近に感じてもらううえでは大きな意味をもったと考えられるが、バブル経済崩壊後の景気低迷とともに来園者数は伸び悩んでいるのが現状である。いかにテーマパークの魅力を生み出し、その魅力を人々にアピールし、何度も足を運んでもらうか、経営努力が求められている。

倉敷チボリ公園（岡山県倉敷市）

アンデルセン公園　　　　　　：千葉県船橋市金堀町525番
〈http://www.park-funabashi.or.jp/〉
安城産業文化公園デンパーク：愛知県安城市赤松町梶１番地
〈http://www.aichinet.ne.jp/~denpark/〉
倉敷チボリ公園　　　　　　　：岡山県倉敷市寿町12番１号
〈http://www.tivoli.co.jp/〉

ブレイク５　北欧関連のテーマパーク
——北欧ゆかりの地を訪ねて⑤——

1980年代後半以降、日本はバブル経済といわれる異常な好景気に沸いた。日本経済のさらなる成長を確信し、東京ディズニーランドの大成功に刺激を受けた企業、地方自治体の中には、経済的利益と地域の活性化を求めてテーマパークを建設するところも現れた。その結果、1980年代末から1990年代には日本中でテーマパーク・ブームとなった。

その中には、北欧に関連するテーマパークもあった。たとえば、姉妹都市提携絡みでテーマパークが建設された事例として、千葉県船橋市にある「アンデルセン公園」と愛知県安城市にある「安城産業文化公園デンパーク」が挙げられる。デンマークのオーデンセ市と1989年（平成元年）に姉妹都市提携を結んだ千葉県船橋市は、1996年（平成８年）10月に「アンデルセン公園」を開園した。これは1987年（昭和62年）11月に開園した「ワンパク王国」を拡張して名称を変更したもので、管理運営は財団法人船橋市公園協会が行っている。緑豊かな大規模公園として、市民に親しまれている。

また、第二次世界大戦前に多角形農業が発展し、「日本デンマーク」と呼ばれた愛知県安城市は、町おこしのために「安城産業文化公園デンパーク」というテーマパークを1997年（平成９年）４月に開業した。それに合わせてデンマーク西部の自治体、コリング市と姉妹都市提携もしている。管理運営主体は財団法人安城都市農業振興協会であり、安城市、あいち中央農業協同組合、安城商工会議所や地元の企業が出資している。このテーマパークは農業をキーワードにし、園内には市民農園も置かれている。

このテーマパーク・ブームの時期に、デンマークのコペンハーゲン中心部にある世界最古のテーマパーク、チボリ（1843年開園）を

終章

新たな日本—北欧政治関係をめざして

✧ 日本人の北欧イメージ

以上、日本人が北欧をいかにとらえ、北欧から何を学ぼうとしてきたかを中心に日本―北欧政治関係の歴史的発展過程をまとめた。その特徴はいかなるものであったのであろうか。

日本人の北欧への関心は、同じヨーロッパのイギリス、ドイツ、フランスなどの大国への関心と比べると低かったが、北欧諸国の規模から考えるならば、それは決して少なくないものであった。しかし、残念ながら、日本において北欧諸国は地理的に遠く、同諸国に関する情報は絶対的に不足していた。そのため、北欧諸国に対する見方は一面的なことも多く、概して極端に美化あるいは否定するという振幅の激しいものになってきた。それは、日本人にとって、北欧が直接の利害対立もなく基本的に好ましいイメージで見られてきたため、人を説得するうえでよいモデルとして利用しやすかったからである。自分の主張を正当化するための根拠として使った場合、ほかの人に情緒的にアピールした。また、そうした主張に対して反対する勢力は、逆に北欧の負の側面を極端に強調し北欧を反面教師にすることで自分たちの主張を正当化しようとした。このように、日本人の北欧理解は、日本人自身の問題関心や価値観を極端に反映したステレオ・タイプの理解が強かったといえよう。

そうした理解は一度成立すると、時代を越えて再生産され、一人歩きしてしまう面もあった。

さらに、北欧が日本国内で与野党の政争の道具としても使われたために問題はより深刻になった。たとえば、日本で北欧諸国の福祉に対する評価は時代により振幅がきわめて激しい。すなわち、日本で北欧は理想郷として美化されたり、破綻していると批判された。しかし、北欧諸国では福祉国家の基本路線は微調整はあったものの、一貫して続いていたのであり、その社会自体が急に理想郷になったり破綻したことはなかった。まさに、日本にとって都合のよいところを一方的に日本国内の議論に利用しただけであったと評しても誇張ではないだろう。北欧の現実から離れて、北欧のある一面がモデルあるいは反面教師として利用されたのである。

これは、北欧諸国の安全保障政策についても同様である。とくに、スウェーデンの中立政策についての評価は日本で大きく揺れ動いた。第二次世界大戦で平和を守り抜いたことから平和的イメージが先行したが、その後、その反動から武装中立など軍事的な側面が強調された。スウェーデンの中立政策がきわめて現実主義的な政策であり、ほかの北欧諸国との関係の中で維持されてきた歴史や武器輸出を含む国防政策との関連などは長く軽視されてきた。また他方で、スウェーデンの中立政策が軍事に特化するものではなく、幅広い積極的な外交政策で補完されている点も見過ごされてきた。日本では、全体をバランスよくとらえるよりも、ある一部分がその時代の要請によりとくに注目されたのである。

以上のように、日本における北欧イメージの多くは北欧の現実とかけ離れたところに存在してきた。一九八〇年代末以降の第五期においてもこの傾向は続いており、日本側の問題関心が強く反映された断片的な北欧紹介が完全になくなったとはいえないであろう。依然として、日本国内の議論を正当化あるいは批判するために北欧の事例が利用されることも多いのではないだろうか。とくに、北欧諸国のさまざまな政策が再評価され、第三期のようにモデルとして位置づけられることも増える中でこの危険性は高まっているといえるかもしれない。「北欧から学ぶ」前に、これまで日本人がいかに北欧から学んできたかをまず冷静に学ぶ必要があるように思われる。

それでは、いかにして日本人はこうした傾向を克服できるのであろうか。まず、北欧諸国を取り上げるときに、空間と時間を意識することが有効である。空間とは地理的な広がりである。すなわち、自身の問題関心からある一国のある一部分のみに注目するのではなく、その国の全体、さらには緊密な相互作用をもつほかの北欧諸国、さらにヨーロッパ、世界という広がりも視野に入れ、事象の全体像を常にとらえようとすることである。他方、時間とは歴史的な広がりである。ある一時点の事象にのみ目を奪われるのではなく、一貫した歴史的文脈の中でそれぞれの問題を考えることである。そのためにも、安易にモデルあるいは反面教師として先入観をもって北欧を見ることは慎むべきであろう。

こうした視点をもつことにより、美化も否定もない等身大の北欧イメージをもつことができよう。日本が北欧から学ぶべきことがあるとすれば、さまざまな分野で問題に直面した北欧諸国の国民が自ら考え、厳しい政策論争の末に試行錯誤を重ねながら政策を立案、決定、執行してきた政治への真摯《しんし》な取り組みではないだろうか。そうした取り組みの欠如が、日本で歪んだ北欧イメージを増長させる要因になってきたように思われるからである。

また、第五期にその兆しが見られたように、日本と北欧諸国が双方向の情報交換、人材交流を活発に行うことも歪んだイメージの一人歩きを予防する効果をもつと考えられる。長い間続いた情報不足、交流不足の状態が徐々に変わりつつあることは、日本－北欧諸国間関係を着実に発展させる大前提となるものであり、きわめて喜ばしいことである。この点については次節で詳しく考えてみよう。

日本－北欧政治関係のゆくえ

実際の日本－北欧諸国間の政治関係は、いかに評価できるのであろうか。第二次世界大戦の前後で比較すると、両者の関係は基本的に戦前の方がより活発であったといえよう。第二次世界大戦前の日本にとって、とくにスウェーデン、フィンランドはロシアあるいはソ連に近接しており、同国に関する情報を収集するための拠点の一つであった。さらに、第二次世界大戦中には中立国スウェーデンが連合国の情報を収集するためにきわめて重要であった。このように、日本外交にとって北欧諸国はきわめて現実的な要請から重視されたのである。無論、その関係は日本が北欧という場を一方的に利用するといった色彩が強いものであり、両者間に対等な協力関係があったとはいえない。

第二次世界大戦後は、日本がアメリカに依存した外交路線をとったために日本外交にとってヨーロッパの重要性は低下し、北欧はそのヨーロッパの周辺にすぎなくなった。北欧諸国にとっても、日本、さらにアジアは遠い存在であった。北欧諸国の外交政策の対象は、主に北欧域内、ヨーロッパ地域、アメリカ－ソ連関係、途上国に向けられたのである。日本、北欧諸国それぞれが冷戦下の大国政治に巻き込まれ、日本、北欧両者を直接にまた密接に結びつけるような論点を見いだせない状態が続いたのである。その結果、日本－北欧諸国間の実際の政治関係は大きな問題もなく推移したものの、低調なものであった。

こうした日本－北欧諸国間の希薄ともいえる関係は、冷戦の終結後、大きく変化し始めた。一九八〇年代末から日本－北欧諸国双方が相手の市場を経済的に重視するようになり、また地球規模の問題や国際貢献が重要になる中で、日本－北欧諸国間で政治的な実務協力の機運が高まり、関係の緊密化が進展したのである。それは、日本にとって大国偏重の国際関係観を修正させるものであり、積極的に国際関係にかかわっていくことを教えたのである。

このように、実際の日本－北欧関係は、本書の最初に紹介した日本－ヨーロッパ－アメリカ関係の全般的な特徴と一致する。すなわち、第二次世界大戦後、日本－ヨーロッパ関係、とくにその政治関係は日本－アメリカ関係、ヨーロッパ－アメリカ関係に比べるときわめて弱いものとなったのであるが、日本－北欧関係も同様であった。日本外交にとって、北欧諸国をとくに重視する理由がなくなったために、それは自然の成り行きであった。その結果、前述のように日本において、北欧について現実を離れたイメージばかりが先行することになった。しかし、一九九〇年代以降に日本－北欧関係が新しい動きを示したことは第5章で見た通りである。

冷戦が終わり、軍事的対決よりも協力が国際関係のキーワードとなる中で、さまざまな国際貢献策で日本と北欧諸国が歩み寄り、実務協力すら開始したことは重要である。日本－北欧政治関係は、新たな時代に入ったと評価できよう。これは、日本－ヨーロッパ関係を強化し、将来にも大きな意味をもつものである。すなわち、日本がヨーロッパの主要国のみならず北欧諸国とも関係を強化して実務協力を始めたことにより、日本－ヨーロッパ関係は量的にも質的にも厚みを増し、安定した国際秩序を構築するうえでの原動力となるであろう。

あとがき

本書では、日本－北欧政治関係の歴史を江戸時代から現在まで概説した。その際、とくに日本国内の動向に焦点をあて、日本人の北欧理解を抽出することにより、政治関係の発展と停滞の背後にあるダイナミズムを解明しようとした。日本では、北欧が各時代にさまざまな形で注目され、それに伴い日本－北欧間の政治関係も発展してきた。現在でも、北欧が「モデル」として言及されることは多い。しかし、日本人の北欧理解が多くの場合、何らかの問題を抱えていることは終章で述べた通りであり、それが実際に意識されることは少ないのが現状である。そうであればこそ、北欧の現実を実証的に分析するとともに、日本人の北欧理解の問題点を洗い直す必要があろう。本書は、そのための拙い問題提起である。

その際、日本人の北欧理解の特徴のひとつともいえる「北欧＝スウェーデン」という見方に対して、北欧の多様性を前面に出すことで異なる北欧像を提供しようと努めた。スウェーデン以外の北欧諸国と日本との間にも、豊かな関係が歴史上存在したことに多くの読者は驚かれたのではないだろうか。これを機に、北欧諸国と日本との幅広い関係が見直され、今後さらに発展することを願ってやまない。日本人の北欧理解についても、視野がより広く、深いものになることを期待するものである。

なお、本書に問題点が多いことは十分認識している。本来ならば日本−北欧関係の歴史を考える際、北欧側の日本理解も同時に吟味する必要があった。しかし、資料的な制約もあり、その点はかなり限定的なものにならざるを得なかった。それは今後の研究課題としたい。本書は、日本−北欧関係史研究の第一歩であり、大きな流れを指し示したものにすぎない。取り上げられなかった事象も多く、また取り上げた事象でも分析が不十分なものが多いことは痛感している。本書の執筆を進めれば進めるほど、日本−北欧関係史の奥深さを感じることになった。未知の題材も、歴史の彼方に数多く眠っていることであろう。今後も事象の発掘、位置づけ作業を継続したいと考えている。

本書は、きわめて多くの方々のご支援により生まれた。また、そもそもこれまで北欧研究を続けてこられたのも、恩師をはじめとする多くの方々の暖かい励ましと支えがあってのことである。恩師である慶應義塾大学法学部政治学科の内山正熊名誉教授、田中俊郎教授、小田英郎名誉教授には外交史、国際政治学、地域研究のイロハから人間としての生き方までさまざまなことを教わった。また、研究の厳しさとともに楽しさを教えて下さったことにも三先生に心より感謝申し上げる。本書執筆中、それを常に感じることで何とか書き終えることができた。さらに、百瀬宏広島市立大学教授、村井誠人早稲田大学教授は「バルト・スカンディナヴィア」研究会にて北欧研究について熱心な指導をして下さった。学界で注目されることも少ない北欧について著者が研究を続けてこられたのも、お二人の先生が国際関係学、歴史学の分野で常に研究の最先端を切り開いて下さった結果であると痛感する。以上の恩師との出会いがなければ、本書をまとめることは決してできなかったであろう。改めて、これまでのご指導にお礼申し上げる次第である。

いつもご指導、ご支援をして下さっているという点では、さらに多くの方々のお名前を挙げなければならないが、紙幅の都合で控えさせていただきたい。所属する学会でお世話になっている多くの先生方に感謝申し上げたい。また、在外研究を行ったデンマーク・オーフス大学政治学研究所、在スウェーデン日本国大使館、ノルウェー国際問題研究所にてお世話になった多くの方々にも心から感謝申し上げる。とくに、ストックホルムの日本国大使館で専門調査員として勤務したときの経験は、本書の外交関係の分析にきわめて有益であった。

ブレイクの「北欧ゆかりの地を訪ねて」を執筆するうえでは、訪問した日本各地で地元の方々から貴重なご支援を得た。まったく土地勘がないにもかかわらず短期間に充実した取材をすることができたのも、地元の方々のおかげである。とくに、クヌッセン機関長の殉職についての調査では、和歌山県美浜町役場総務部企画課の岩橋良樹氏、クヌッセン機関長遺徳顕彰会事務局の吉川一美氏、御坊市文化協会の西浜久計会長、徳島県海南町役場企画情報室の能田益弘室長、海南町立博物館の岡田一郎館長、郡司早直学芸員から大変貴重なご支援を賜った。日本各地で日夜貴重な歴史的遺産を守り、地域の活性化に努力されている方々にお会いし、大きな感銘と刺激を受けた。そうした地域のもつ魅力を読者の皆様に多少でもお伝えすることができたとすれば、これほど嬉しいことはない。

本書執筆では、財団法人新渡戸基金の内川永一朗事務局長、北海道東海大学の川崎一彦教授、高崎経済大学附属図書館の松本有由美氏、ロンドン大学キングス・コレッジ博士課程在籍中の鶴岡路人氏、オスロ大学教育学部のハーラル・スクラム講師にもお世話になった。また、収録した写真に関しては、財団法人大平正芳記念財団の溝口二郎事務局長、駐日欧州委員会代表部広報部の前田真理子氏、レストラン・ストックホルム支配人の相山清文氏から格段のご配慮をいただき、貴重な写真をお借りすることができた。このように、本書執筆では大変多くの方々からご支援、ご助言を賜った。ここで改めて心より感謝申し上げたい。

最後に、出版事情の厳しい折、本書の出版を可能にして下さった株式会社新評論の武市一幸氏に感謝申し上げる。武市氏は、本書のもとになった拙い原稿をていねいに読み、的確なコメントをして下さり、読者の視点に立った本づくりの姿勢を徹底して教えて下さった。本書が読みやすいものとなっているとすれば、それはすべて武市氏のご指導によるものである。

事実関係の確認では細心の注意を払ったが、本書が膨大な範囲を扱っているため、なお思わぬ誤りがあるかもしれない。それは、すべて著者の責任である。読者のご叱正を乞う次第である。

二〇〇三年一月一五日

榛名の山並みの見える研究室にて　　吉武信彦

資料

長谷川如是閑「戦争絶滅受合法案」

戦争絶滅受合法案

世界戦争が終つてまだ十年経つか経たぬに、再び世界は戦争の危険に脅かされ、やれ軍縮条約の不戦条約のと、嘘の皮で張つた太鼓を叩き廻つても、既に前触れの小競り合ひは大国、小国の間に盛に行はれてゐる有様で、世界広しと雖も、この危険から超然たる国は何処にある？や丶その火の手の風上にあるのはデンマーク位なものだらうといふことである。

そのデンマークでは、だから常備軍などゝいふ、廃刀令以前の日本武士の尻見たやうなものは全く不必要だといふので、常備軍廃止案が時々議会に提出されるが、常備軍のない国家は、大小を忘れた武士のやうに間のぬけた恰好だとでもいふのか、まだ丸腰になりきらない。

然るに気の早いデンマークの江戸ツ子であるところの、フリッツ・ホルムといふコペンハーゲン在住の陸軍大将は、軍人ではあるがデンマーク人なので、この頃『戦争を絶滅させること受合ひの法律案』といふものを起草して、これを各国に配布した。何処の国でもこの法律を採用してこれを励行したら、何うしたつて戦争は起らないことを、牡丹餅判印で保証すると大将は力んでゐるから、どんな法律かと思へば、次ぎのやうな条文である。

『戦争行為の開始後又は宣戦布告の効力を生じたる後、十時間以内に次の処置をとるべきこと。

即ち左の各項に該当する者を最下級の兵卒として召集し、出来るだけ早くこれを最前線に送り、敵の砲火の下に実戦に従はしむべし。

一、国家の××。但し△△たると大統領たるとを問はず、尤も男子たること。

二、国家の××の男性の親族にして十六歳に達せる者。

三、総理大臣、及び各国務大臣、並に次官。

四、国民によつて選出されたる立法部の男性の代議士。但し戦争に反対の投票を為したる者は之を除く。

五、キリスト教又は他の寺院の僧正、管長、其他の高僧にして公然戦争に反対せざりし者。

上記の有資格者は、戦争継続中、兵卒として召集さるべきものにして、本人の年齢、健康状態等を斟酌すべからず。但し健康状態に就ては招集後軍医官の検査を受けしむべし。

上記の有資格者の妻、娘、姉妹等は、戦争継続中、看護婦又は使役婦として召集し、最も砲火に接近したる野戦病院に勤務せしむべし。』

これは確かに名案だが、各国をして此の法律案を採用せしめるためには、も一つホルム大将に、『戦争を絶滅させること受合の法律を採用させること受合の法律案』を起草して貰はねばならぬ。

――如　是　閑――

（出所）『我等』第一一巻第一号、一九二九年一月。なお、文中の旧字体を新字体に変更した。
文脈から、伏せ字の××は元首、△△は君主と考えられる。

文部省「みどりの野」

みどりの野

デンマルクは、みどりの牧場と、もみと、しらかばの森林と、近海の漁場のほかには、鉱山があるのでもなく、いい港があるのでもなく、わが九州《きゅうしゅう》ほどの本国と、三つの島からなっている、小さな、しずかな国であります。

美しいおとぎばなしを、世界の子どもたちにおくった、アンデルセンの生まれた国であります。

世界の楽園といわれるこの国も、千八百六十四年に、ドイツオーストリア二国との戦いに敗れ、賠償として、シュレスウィヒとホルスタインという、作物のよくできる二州をとられました。もともとせまい、小さな国ですのに、そのもっともよい土地を失いました。ですから、いかにして、国運をもとどおりにするか、これが、テ《ママ》［デ］ンマルクの愛国者たちの心をくだいた、もっとも大きな問題でありました。

戦いに敗れ、国はけずられ、国民の意気はしずみ、その活動はおとろえました。たとえ戦いに敗れても、精神的に破れない国民こそ、真にすぐれた国民でしょう。国のおこるかほろびるかは、このときにさだまり、この苦しいときにうちかつことのできる国民だけが、国の建てなおしという大事業をなしとげて、さかえるのであります。

このとき、希望をいだいてたちあがったひとりの軍人がありました。戦場から帰ったダルガスです。かれは、その胸に国運回復の計画をたて、その顔にほほえみをたたえて、つるぎで失ったものを、すきでとり返そうと決心したのです。

ダルガスは、戦いの間、橋をかけたり　道路をつくったり、みぞをほったりするときに、よく、国土の地質や地味を研究しましたが、こんどは、のこった土地の大部分をしめるユートランドのあれ地と戦い、これを豊かな土地にしようとする大計画をたてました。ダルガスは、とおりいっぺんの空想家ではありません。かれは、科学者であり、理想を実現する誠意にみちていました。ユートランドは、デンマルクの半分以上もあって、その三分の一以上が、作物のできない土地であります。これをこえた土地とするのが、ダルガスのゆめであります。このゆめを実現するために、ダルガスのとるべき手だては、ただ二つしかありません。その第一は水で、その第二は木でありました。

ユートランドの平野には、八百年あまり前には、よくしげった森林がありました。しかし、切りとるばかりで手入れをおこたったために、土地は、年を追ってやせおとろえ、ついに、あれはててしまったのです。

これを生かすのは、みぞをほって水をそそぎ、平野の雑草をかりとり、じゃがいもか牧草を植えることにありますが、もっともむずかしいのは、あれ地に木を植えることです。

ダルガスは、このあれ地に育つ木があるかないか、まず、このことについて研究を重ねました。そこで思いついたのは、ノルウェー産のもみの木でありました。これなら、ユートランドのあれ地にも育つだろうと思って、実際に試験してみると、もみの木ははえるが、数年ならずしてかれてしまいました。ユートランドのあれ地は、もはや、この強い木をやしなうにたる地力さえ、のこしていませんでした。

しかし、ダルガスの誠実は、これがためにくじかれることなく、「自然は、このむずかしい問題を、かならず解決してくれるにちがいない。」と、熱心に研究を続けました。そうして、かれがふと思いうかべたのは、アルプス産の小もみを移植してみたらどうか、ということでありました。これをノルウェー産のもみの間に植えてみると、両種のもみは、たがいにならんで生長し、年がたってもかれないで、よくしげりました。ユートランドのあれ野には、年ごとに、みどりの野が広がりました。ダルガスの希望であり、デンマルクの希望であるこの植林は、みごとに実現されました。そこで、デンマルクの国運回復の意気は、年々高まってきました。しかし、問題はまだのこっています。みどりの野はできたが、ユートランドのあれ地から建築用材を求めるダルガスの希望は、実現されません。もみは、ある大きさまでのびると、そこで生長をとめました。アルプス産の小もみを植えたので、かれるのはふせがれましたが、その生長は、これによってはたされなかったのであります　デンマルクの農夫たちは、「ダルガス、おまえがくれるといった材木を、さあ早くもらいたい。」といって、かれにせまりました。

ダルガスの長男、フレデリック・ダルガスは、父の質を受けて、植物の研究がすきでしたが、かれは、もみの生長について、大きな発見をしました。わかいダルガスは、父に
「大もみがある大きさ以上に生長しないのは、きっと、小もみをいつまでも、大もみのそばにならべておくからです。もしある時期になって、小もみを切りはらってしまったら、大もみは土地をひとりじめして、生長するにちがいありません。」

といいました。

わかいダルガスの意見を、実際にためしてみると、そのとおりになりました。小もみは、ある大きさまでは、大もみの生長をうながす力をもっているが、それをこえると、かえってさまたげになるという、植物学上の事実が、ダルガス親子によって、発見されたのであります。このおかげで、ユートランドのあれ地には、おいしげったもみの林が見られるようになりました。

ダルガス親子の発見と努力によってもたらされた、よい結果は、木材だけにとどまりません。第一　ユートランドの気候が、そのよい感化を受けました。しげった木のない土地は、熱しやすくさめやすいから、ダルガスの植林以前は、ユートランドの夏は、昼は暑く、夜はときに、しもさえ見ることがあったのです。

そのころ、ユートランドの農夫のつくった農産物は、じゃがいも・くろむぎ、そのほかわずかのものにすぎませんでしたが、植林が成功してから以後の農業は、すっかりかわりました。夏、しもがおりるのはまったくやみ、こむぎ・さとうだいこんなど、北ヨーロッパ産の農作物

で、できないものはないまでになりました。ユートランドのあれ地は、大もみの林がしげったために、こえた田園となりました。木材があたえられたうえに、いい気候があたえられました。それればかりでなく、しげった林は、海岸からふき送る砂ぼこりをふせぎ、さらに、北海岸特有の砂丘を、海岸近くでくいとめました。

しもは消え、砂は去り　そのうえ、大水の害がのぞかれたので、すたれた都市はふたたびおこり、新しい町村が、いたるところに生まれました。土地のねだんがあがって、あるところでは、百五十ばいになりました。道路・鉄道は、いたるところにしかれました。とうとう、ユートランドは生まれかわりました。戦いによって失われたシュレスウィヒとホルスタインとは、すでにつぐなわれて、なおあまりあることになりました。

ところが、ここに、木材よりも、農作物よりも、とうといものが生き返りました。それは、全国民のたましいでした。デンマルク人のたましいは、ダルガスの研究と実行の結果として、すっかり生まれかわりました。敗戦のために意気のおとろえた国民は、希望をとり返し、誠実な研究と、がまん強い実行と、熱誠な共力によって、あれ地をみどりの野とし、祖国を生き返らせ、ついに、今日のような平和国家をうち建てました。

（出所）『國語　第六学年上』（東京書籍株式会社、一九四七年）一七～二六ページ。なお、文中の旧字体を新字体に変更した。

「クヌッセン機関長」

クヌッセン機関長

昭和三十二年二月十日、午後九時十分ごろであった。デンマークの貨物船エレンマースク号（四九〇三トン）は、和歌山《わかやま》県日《ひ》の岬《みさき》の北西およそ十キロメートル付近の海上で、火さいを起こしている小型船を発見した。風速二十メートルのあらしの中を、名古屋《なごや》から神戸《こうべ》へ向けて航行中のことであった。

燃えているのは、日本の漁船であった。船上には、ほのおの木ぎれをふって救いを求めている二名の人かげが、みとめられた。エレンマースク号は、急いで、その漁船に近づきながら、全乗組員を部しょにつかせ、救命ボートをおろす準備をした。

まもなく、乗組員十名を乗せた救命ボートが、おろされた。しかし、風は強く、波はあらい。漁船に近づくことは、とてもできなかった。そこで、しかたなくボートをもどし、今度は、救命ブイにつなを付けて、燃えている船に投げこんだ。もう、そのときには、船上に一名の人かげが見えるだけであった。エレンマースク号は、だいたんにも漁船に近寄って、なわばしごをおろした。人かげは、なわばしごにとりすがって、半分以上も上ってきたが、やけどとつかれのためであったろうか、足をすべらして海中に落ちこんだ。直ちに、あかりのついた救命ブイ数個が、海中に投げこまれた。

　このできごとをかん板で見ていたのは、機関長ヨハネス＝クヌッセン氏であった。かれは、なんのためらうこともなく、急いで救命衣を身につけ、落ちこんだ日本船員のあとを追って海中に飛びこんだ。一度は、船員をだき上げたように見えたが、なにしろ強風がふきまくっており、それにさかまくどとうである。暗夜の海は、ついにふたりのすがたをのみこんでしまった。

　すぐに一せきの救命ボートが、おろされた。しかし、運わるく、海水のためにモーターがこしょうを起こして、ボートを進めることができなかった。もはや、漁船は、ちんぼつして、かげも見えなかった。

　動けない救命ボートの乗組員は、本船にもどされ、ボートは、本船の横につながれた。しかし、なだれこむ海水は、ボートのつなをたち切り、あら波の中にさらっていった。やがて、救命ブイのあかりも消えた。

　このできごとは、ただちに神戸の海上保安本部へ無電で通報された。本部からは、指令を受けたじゅんし船二せきが、悪天候をついて現場に急行した。続いて飛行機も、出動した。

　その間、エレンマースク号は、照明燈を照らして、たえまなく海上の見張りを続けた。しかし、風はますますふきつのり、波はいよいよあれくるった。エレンマースク号も、大ゆれにゆれて、その場にとどまっていることができなかった。船は、見張りを打ち切って、一時、たいひしなければならなくなった。

やがて、じゅんし船がとう着し、照明燈を照らして、海上をくまなくさがし始めた。そのうち、夜も明け、いくらか風も静まったので、エレンマースク号は、ふたたび現場にもどってそうさくを続けた。しかし、海上には、破へん一つみとめることができなかった。

ついに、エレンマースク号は、じゅんし船にあとをたのみ、心を海上に残しながらも神戸に向かった。

十一日午前九時五十分、クヌッセン機関長の死体は、日の岬北方の田杭《たくい》海岸で発見された。さらわれた救命ボートも、その近くに打ち上げられていた。日本船員の死体は、さらにその数日後に発見された。

クヌッセン機関長は、当時三十九才、つまはなかったが、デンマークには、八十三才の老母が、その帰りを待っていた。かれは、これまで、数回日本をおとずれていた。日本を愛し、できれば、つまも日本人をむかえたいと語っていたという。また、今度の航海が終われば、陸の人となって、兄とともに、農園の仕事にはいる計画であった。いわば、この航海が、最後の旅であったのである。

漁船は徳島《とくしま》県下の船で、乗組員は三名であったことがわかった。火さいの原因は、わからなかった。

このできごとは、各新聞によって、全国に報道された。そうして、国境《きょう》をこえたクヌッセン機関長の人間愛と、その勇かんな行動は、全国に大きな感動をまき起こした。感謝の電報や手紙が、たくさんエレンマースク号に寄せられ、また、各地で感げきの義金が、集められた。

その後、現場付近の和歌山県日高《ひだか》郡美浜《みはまちょう》町には、地元の人々の手によって、クヌッセン機関長の記念ひが、建てられた。機関長の兄は、はるばる記念ひをおとずれて、花ずきであった弟のために、故国《こ》から持ってきた花をささげた。

さらにその後、関西デンマーク協会は、クヌッセン機関長のきょう像を建てることを計画して、義金を集めた。それが実って、デンマーク一流のちょうこく家の手による、青銅製、高さ八十センチのみごとなきょう像ができあがった。

やがて、本国から運ばれてきたきょう像は、美浜町の記念ひのそばに建てられた。それは、クヌッセン機関長がなくなって五年後の、昭和三十七年六月のことであった。

このきょう像建設については、次のようなうら話が伝えられている。

初め、関西デンマーク協会の代表がデンマークへ行って、きょう像建設の計画を、クヌッセン機関長の遺族《い》や関係者に申し出た。が、意外にも、その人々は、

「ありがたいことだが、ご辞退《たい》します。」

と言って、承知しなかった。その理由をたずねると、こういうことであった。

「わたしたちデンマーク人は、小さいときから、こまっている人を助けるのは、人間の義務である、と教えられてきています。クヌッセンは、不幸にして一命を失いましたが、人間として

のこの義務を、ちゅう実に守っただけのことです。かれは、最高の義務を果たしたといえましょう。しかし、デンマーク人としては、当然の行動です。きょう像などと、改まった表しょうは、できることなら遠りょしたいと思います。」

しかし、ようやく、代表者の誠《せい》意が人々を動かし、きょう像建設の話がまとまった、ということである。

はるばると海を見わたすおかの上に、かすかなほほえみをうかべたクヌッセン機関長のきょう像は、記念ひとならんで、人間愛と勇気のけだかい行ないを静かに伝えている。

（出所）『小学新国語　五年下』（光村図書出版株式会社、一九六四年文部省検定済）三四〜四二ページ。

主要参考文献一覧（注に挙げた文献は除く）

北欧全般

・スティーグ・ハデニウス／岡沢憲芙監訳、木下淑恵、秋朝礼恵訳『スウェーデン現代政治史——対立とコンセンサスの二〇世紀——』（早稲田大学出版部、二〇〇〇年）
・ヘリエ・サイゼリン・ヤコブセン／村井誠人監修、高藤直樹訳『デンマークの歴史』（星雲社、一九九五年）
・マッティ・クリンゲ／百瀬宏訳『フィンランド小史』（フィンランド大使館、一九九〇年）
・百瀬宏『小国——歴史にみる理念と現実——』（岩波書店、一九八八年）
・百瀬宏、熊野聰、村井誠人編『北欧史』（山川出版社、一九九八年）
・岡沢憲芙、奥島孝康編『スウェーデンの政治——デモクラシーの実験室——』（早稲田大学出版部、一九九四年）
・岡沢憲芙、宮本太郎編『スウェーデンハンドブック』（早稲田大学出版部、一九九七年）
・オロフ・ペタション／岡沢憲芙監訳、斉藤弥生、木下淑恵訳『北欧の政治』（早稲田大学出版部、一九九八年）

クヌッセン機関長関連

・矢野暢『ノーベル賞――二十世紀の普遍言語――』（中公新書、一九八八年）
・日高町誌編集委員会編『日高町誌』下巻（日高町、一九七七年）
・美浜町史編集委員会編『美浜町史』上巻、下巻、史料編（美浜町、一九八四年、一九八八年、一九九一年）
・徳島県海部郡海南町史編集委員会編『海南町史』（徳島県海部郡海南町教育委員会、一九六六年）
・海南町史編さん委員会編『海南町史』下巻（徳島県海部郡海南町、一九九五年）

(16)　外務省「アジア欧州会合第4回首脳会合（ASEM 4）、(概要)、平成14年9月24日」(〈http://www.mofa.go.jp/mofaj/area/asem/asem_4_sk_gai.html〉)。
(17)　外務省〈外交青書〉第37号（1993年）第1部305～306ページおよび外務省「各国・地域事情と日本との関係」(〈http://www.mofa.go.jp/〉）の北欧5カ国の欄。
(18)　財務省「第3回 ASEM 財務大臣会議議長声明」(〈http://www.mof.go.jp/asem/asem03j.htm〉)。
(19)　「京都議定書　米国復帰へ交渉継続　首相、EU 代表団に意向」(〈日本経済新聞〉2001年7月10日朝刊)。
(20)　外務省「第11回日・EU 定期首脳協議（概要と評価)、平成14年7月8日」(〈http://www.mofa.go.jp/mofaj/area/eu/shuno11/gh.html〉)。「(仮訳）第11回日・EU 定期首脳協議　共同プレス・ステートメント、2002年7月8日、東京」(〈http://www.kantei.go.jp/jp/koizumispeech/2002/07/08eu.html〉)。
(21)　外務省「最近の日・北欧諸国関係」(〈http://www.mofa.go.jp/mofaj/gaiko/kaidan/gaiyu97/〉)。
(22)　*Our Future with Asia: Proposal for a Swedish Asia Strategy*, Stockholm: Ministry for Foreign Affairs, March 1999. *Our Future with Asia: A Swedish Asia Strategy for 2000 and beyond*, Government Communication SKR 1998/99: 61, Stockholm: Ministry for Foreign Affairs, October 1999.
(23)　拙稿 “Sweden's Accession to the EU: Japanese Views,”(『欧州の拡大に係る課題と日欧関係』日本国際問題研究所、1996年1月）1～16ページ。
(24)　自治体国際化協会ホームページ〈http://www.clair.nippon-net.ne.jp/〉。
(25)　船橋市ホームページ〈http://www.city.funabashi.chiba.jp/〉。安城市ホームページ〈http://www.city.anjo.aichi.jp/〉。

における高齢者ケアの改革と実践――保健福祉専門家交流シンポジウム報告――』（中央法規出版、1996年）。

（5） ヤンソン由実子『男が変わる――スウェーデン男女平等の現実――』（有斐閣、1987年） 1ページ。

（6） 「世界女性みらい会議、二五〇〇人集まり開幕」（〈日本経済新聞〉1996年4月21日朝刊）。

（7） 岡沢憲芙『スウェーデンを検証する』（早稲田大学出版部、1993年） 4、6ページ。

（8） 同上、214ページ。

（9） 「脱高度成長、モデルは欧州　5年後、『改革』軸に新政権　国会若手101議員調査」（〈朝日新聞〉2002年8月3日朝刊）。「国会若手101議員アンケート、主な質問と回答方法」（〈朝日新聞〉2002年8月8日朝刊）。

（10） 防衛庁『防衛白書』（1993年版） 179ページ。「自衛官35人に『PKOとは』、ストックホルム」（〈朝日新聞〉1992年7月30日朝刊）。「『先達』スウェーデンに学ぶPKO、自衛官研修いま仕上げ」（〈朝日新聞〉同年8月7日朝刊）。

（11） 外務省西欧第二課「日・北欧首脳会談の意義とねらい、平成9年6月」および「日・北欧共同記者会見」（〈http://www.mofa.go.jp/mofaj/gaiko/kaidan/gaiyu97/〉）。「環境先進国で橋本首相四面楚歌、北欧首脳威勢よく」（〈朝日新聞〉1997年6月27日夕刊）。「政治対話の継続で一致、日・北欧首脳会談」（〈日本経済新聞〉1997年6月27日夕刊）。

（12） 外務省「日・北欧首脳会談（概要）、平成11年6月23日」および「人間中心の平和な世界を目指して――21世紀の日本・北欧パートナーシップ――、第2回日本・北欧首脳会談共同プレス・リリース、於：レイキャビック、1999年6月22日」（〈http://www.mofa.go.jp/mofaj/gaiko/kaidan/s_obuchi/e_i99/〉）。「『常任理入り日本を支持』、首相に北欧五国首脳」（〈朝日新聞〉1999年6月23日朝刊）。「日・北欧首脳会議、国連改革で協調、日独の常任理入りに支持」（〈日本経済新聞〉1999年6月23日朝刊）。

（13） 外務省、前掲「日・北欧共同記者会見」、2ページ。

（14） 外務省「日・アイスランド首脳会談（概要）、平成11年6月23日」（〈http://www.mofa.go.jp/mofaj/kaidan/kiroku/s_obuchi/arc_99/e_i99/ji_gaiyo.html〉）。

（15） *Althingi*, Reykjavik: Althingi, 2000, p. 20.

(12)　外務省〈わが外交の近況〉(途中から〈外交青書〉と改称) 各号の要人往来一覧表を参照。
(13)　外務省〈外交青書〉第31号 (1987年) 133ページ；第32号 (1988年) 465ページ；第33号 (1989年) 425ページ；第34号 (1990年) 443～444ページおよび外務省「各国・地域事情と日本との関係」(〈http://www.mofa.go.jp/〉) の北欧5ヵ国の欄。
(14)　外務省〈わが外交の近況〉第30号 (1986年) 183ページ。
(15)　外交研究会『安倍外交の軌跡——二一世紀に向けての創造的外交——』(廣済堂出版、1986年) 130～136ページ。安倍外相は、1983年6月にもデンマークを訪問している (非公式)。
(16)　「平和の旗手へ凶弾…なぜ」(〈朝日新聞〉1986年3月1日夕刊)。
(17)　「パルメ首相暗殺」(〈毎日新聞〉1986年3月1日夕刊)。
(18)　「世界平和へ協力を確認」、「パルメ氏の葬儀に参列して　佐々木良作」(〈朝日新聞〉1986年3月17日朝刊)。
(19)　世界平和研究所編『中曽根内閣史——日々の挑戦——』(丸ノ内出版、1996年) 771～773ページ。同編『中曽根内閣史——首相の一八〇六日 (下) —』(丸ノ内出版、1996年) 1254～1255ページ。同編『中曽根内閣史——資料篇 (続)——』(丸ノ内出版、1997年) 70～74ページ。
(20)　「首相、友好修復の弁」(〈朝日新聞〉1987年1月12日夕刊)。
(21)　フィンランド航空ホームページ〈http://www.finnair.co.jp/〉。
(22)　スカンジナビア航空ホームページ〈http://www.flysas.co.jp/aboutsas/history.html〉。

第5章

(1)　岡本、前掲『デンマークに学ぶ豊かな老後』、19、193、204～205ページ。
(2)　大熊由紀子『「寝たきり老人」のいる国いない国——真の豊かさへの挑戦——』(ぶどう社、1990年)。
(3)　内橋克人、ケンジ・ステファン・スズキ「〈対談シリーズ〉『生活大国』デンマークから何を学ぶか」(〈世界〉第699号、2002年3月) 230ページ。
(4)　太田義武「はじめに」(社団法人生活福祉研究機構編『スウェーデン

第4章

（1） 武田龍夫『誰も書かなかったスウェーデン――〝福祉王国〟の性と人間――』（サンケイ出版、1977年）39、221ページ。

（2） 「〈社説〉北欧福祉国家モデルの落とし穴」（〈日本経済新聞〉1976年9月28日朝刊）。

（3） 経済企画庁編『新経済社会7カ年計画』（大蔵省印刷局、1979年）11ページ。

（4） 有賀弘「小国の防衛思想――スウェーデンの場合――」（佐藤栄一編『現代国家における軍産関係』日本国際問題研究所、1974年）。高須裕三、丸尾直美、須藤真志、小野寺信「スウェーデンの中立外交政策」（〈外務省調査月報〉第17巻第2号、1976年）。岩島久夫「スウェーデンの安全保障政策」（〈国際問題〉第192号、1976年3月）。同「スウェーデンの国防合理化への道――トータル・ディフェンス政策の実態分析――」（〈国際政治〉第63号、1979年10月）。

（5） 武田龍夫『戦う北欧――抗戦か・中立か・抵抗か・服従か――』（高木書房、1981年）5～6ページ。同書は『嵐の中の北欧――抵抗か中立か服従か――』（中公文庫、1985年）と改題されて再刊された。

（6） 武田龍夫『白夜の国ぐに――米ソ対立の谷間で――』（中公新書、1985年）11ページ。

（7） 同上、214～216ページ。

（8） 「声高頭低　党派の顔熱弁」（〈朝日新聞〉1983年6月3日夕刊）。「首相の防衛努力訴える演説　在日大使館が注意を喚起」（〈朝日新聞〉同年6月7日朝刊）。

（9） 岡崎久彦『戦略的思考とは何か』（中公新書、1983年）205ページ。

（10） 「外交畑以外からの大使　高橋さんを起用　初の女性」（〈朝日新聞〉1980年1月15日朝刊）。「婦人差別撤廃条約　日本など署名　国連世界会議」（〈朝日新聞〉1980年7月18日夕刊）。高橋展子『デンマーク日記――女性大使の覚え書――』（東京書籍、1985年）306～311ページ。

（11） "Danmark er verdens bedste land, Japans eks-ambassadør skriver bog om sit møde med danskerne［デンマークは、世界で一番よい国。日本の元大使がデンマーク人との出会いについて本を執筆］," *Politiken*, den 22. juli 1985, 2. sektion, s. 2.

賞受賞候補者に関する件」、「第52号、昭和36年２月２日、在スウェーデン特命全権大使松井明発外務大臣小坂善太郎宛、本年度ノーベル文学賞候補者に関する件」、「秘　情交第25号、昭和36年２月23日、小坂大臣発在スウェーデン松井大使宛、ノーベル文学賞受賞者候補者の件」（『ノーベル賞関係雑件』）。

(31)　「第78号、昭和37年２月１日、在スウェーデン松井大使発外務大臣宛」（『ノーベル賞関係雑件』）。件名は省略した。

(32)　「日本から三作家、ノーベル文学賞候補」（〈朝日新聞〉1962年３月６日朝刊）。「ノーベル文学賞をめぐって」（〈朝日新聞〉1962年３月12日朝刊）。

(33)　「昭和32年10月28日、在スウェーデン特命全権公使島重信発情報文化局高橋参事官宛」（「『ノーベル賞関係雑件』）。

(34)　楠田實『楠田實日記――佐藤栄作総理首席秘書官の二〇〇〇日――』（中央公論新社、2001年）901～902ページ。

(35)　伊藤隆監修『佐藤榮作日記』第６巻（朝日新聞社、1999年）235ページ。

(36)　「佐藤さん、平和賞受ける」（〈朝日新聞〉1974年12月11日朝刊）。

(37)　楠田、前掲『楠田實日記――佐藤栄作総理首席秘書官の二〇〇〇日――』、899～901ページ。伊藤監修、前掲『佐藤榮作日記』第６巻、236～237ページ。スピーチ全文については、以下を参照されたい。"Eisaku Sato - Nobel Lecture, Nobel Lecture, December 11, 1974, The Pursuit of Peace and Japan in the Nuclear Age,"〈http://www.nobel.se/peace/laureates/1974/sato-lecture.html〉. 佐藤栄作「ノーベル平和賞受賞記念講演、核時代における[平和の]追求と日本」（自由民主党編『自由民主党史　資料編』自由民主党、1987年）1187～1193ページ。

(38)　「佐藤前首相にノーベル平和賞」、「平和ニッポン〝団体賞〟」（〈朝日新聞〉1974年10月９日夕刊）。「ノーベル平和賞　佐藤前首相に」、「佐藤前首相のノーベル平和賞受賞　冷ややかな目で」（〈毎日新聞〉1974年10月９日夕刊）。「佐藤さん、平和賞受ける」（〈朝日新聞〉1974年12月11日朝刊）。

(39)　Øivind Stenersen, Ivar Libæk og Asle Sveen, *Nobels fredspris: Hundre år for fred, Prisvinnere 1901-2000*［ノーベル平和賞――平和のための100年、受賞者　1901～2000年］, Oslo: J. W. Cappelens Forlag, 2001, s. 207.

員会、1968年12月28日」(日本社会党結党四十周年記念出版刊行委員会編『資料　日本社会党四十年史』日本社会党中央本部、1986年) 893ページ。

(21)　「北欧諸国オランダの国連待機軍設立について、39. 8 .14、国政」(『一九五八年八月二十七日付国連緊急軍 (UNEF) に関する事務総長報告抄訳等一件』情報公開法による開示文書、外務省外交史料館)。

(22)　「極秘　国連に対する軍事要員等の提供について、昭41・1・14、外務省」(『一九五八年八月二十七日付国連緊急軍 (UNEF) に関する事務総長報告抄訳等一件』)。

(23)　関谷滋、坂元良江編『となりに脱走兵がいた時代――ジャテック、ある市民運動の記録――』(思想の科学社、1998年)。

(24)　Carl-Gustaf Scott, "Swedish Sanctuary of American Deserters During the Vietnam War: A Facet of Social Democratic Domestic Politics," *Scandinavian Journal of History*, Vol. 26, No. 2, 2001, p. 124.

(25)　清原瑞彦『スウェーデン神話現代版』(亜紀書房、1972年) 28、31ページ。

(26)　「第5号、昭和35年2月23日、藤山大臣発在ノールウェー板垣大使宛、賀川豊彦氏のノーベル平和賞候補推薦の件」、「第11号、昭和35年2月24日、板垣大使発藤山大臣宛、賀川豊彦氏のノーベル平和賞候補推せんの件」(『ノーベル賞関係雑件』マイクロフィルム・リール番号I0011、外務省外交資料館)。

(27)　賀川豊彦全集刊行会編『賀川豊彦全集』第24巻(キリスト新聞社、1964年) 621、623ページ。

(28)　「極秘　欧西第15号、昭和38年2月12日、外務大臣発在ノールウェー勝野大使宛、ノーベル平和賞候補推せんに関する件」(『ノーベル賞関係雑件』)。

(29)　「極秘　情交47号、昭和35年4月21日、藤山大臣発在スウェーデン松井大使宛、ノーベル賞受賞候補者に関する件」、「極秘　情交50号、昭和35年4月27日、藤山大臣発在スウェーデン松井大使宛、ノーベル賞 (文学) 受賞候補者に関する件」、「極秘　第226号、昭和35年5月27日、在スウェーデン松井明大使発藤山愛一郎宛、ノーベル賞 (文学) 受賞候補者に関する件」(『ノーベル賞関係雑件』)。

(30)　「第4号、昭和36年1月31日、松井大使発小坂大臣宛、ノーベル文学

(14)　五木寛之「白夜のオルフェ」(〈小説現代〉1966年8月号) 42～64ページ、「霧のカレリア」(〈小説現代〉1967年3月号) 42～60ページ、「夏の怖れ」(〈小説新潮〉1967年3月号) 144～158ページ、「ヴァイキングの祭り」(〈小説現代〉1968年4月号) 352～377ページ。
(15)　山口房雄『中立――この民族の課題――』(至誠堂、1959年) 39～52ページ。
(16)　吉村健蔵「北欧諸国の中立主義」(『中立主義の研究』上、日本国際問題研究所、1961年)。田岡良一「中立の本来の意味――スイス及びスェーデンの歴史に照らして――」(田岡良一、関嘉彦、尾上正男、猪木正道『中立及び中立主義』日本国際連合協会京都本部、1961年)。渡辺朗「北欧の防衛政策」(民主社会主義研究会議北欧研究視察団、武藤光朗編、前掲『福祉国家論――北欧三国を巡って――』)。立川文彦、川本謙一「スエーデンの中立政策」(憲法研究所編『永世中立の諸問題』法律文化社、1969年)。小野寺信「防衛――平和と安全への国民の決意――」(スウェーデン社会研究所編、前掲『スウェーデン――自由と福祉の国――』)。田畑正儀「重装備国家スウェーデン」(〈軍事研究〉第8巻第11号、1973年11月)。
(17)　「第一次及び第二次大戦における中立国の状態について(未定稿)　昭和35、10、27　欧西」(『永世中立関係雑件第1巻　自24年7月　至37年10月』(以下、『永世中立雑件第1巻』) マイクロフィルム・リール番号A0392、外務省外交資料館)。
(18)　「西欧諸国の社会党ないし社会民主党の中立主義に対する考え方について」(『永世中立雑件第1巻』)。
(19)　たとえば、以下を参照されたい。「わが国の安全保障に関する中間報告、自由民主党安全保障に関する調査会、41・6」(渡辺洋三、岡倉古志郎編『日米安保条約―その解説と資料―』労働旬報社、1968年) 156ページ。自由民主党政務調査会編『70年代への前進―政策解説―』(自由民主党広報委員会出版局、1969年) 29ページ。「わが国の安全保障政策、昭和48年7月27日　安全保障調査会」(自由民主党編『自由民主党史　資料編』自由民主党、1987年) 686ページ。自由民主党政務調査会編『自由社会にっぽん―昭和49年度版政策解説―』(自由民主党広報委員会出版局、1974年) 60ページ。
(20)　「非武装・平和中立への道、党外交防衛政策委員会＝党国際局外交委

(『大平外務大臣欧州訪問　ノールウェーの部』同上)。「極秘　大平外務大臣・エランデル・スウェーデン首相会談要旨、昭和38. 8 .31、西欧課」、「極秘　大平外務大臣・ニルソン・スウェーデン外務大臣会談要旨、昭和38. 8 .31、西欧課」、「極秘　大平外務大臣・ランゲ・スウェーデン通産大臣会談要旨、昭和38. 9 . 3 、西欧課」(『大平外務大臣欧州訪問　スウェーデンの部』同上)。「極秘　大平外務大臣・クラウ・デンマーク首相会談要旨、昭和38. 9 . 5 、西欧課」、「極秘　大平外務大臣・ヘカラップ・デンマーク外務大臣会談要旨、昭和38. 9 . 5 、西欧課」(『大平外務大臣欧州訪問　デンマークの部』同上)。

(6) 「デンマーク政府主催公式晩餐会における大平外務大臣のスピーチ(假訳)(9 月 1 日)」手書き、タイプ打ち、英文(『大平外務大臣欧州訪問　デンマークの部』)。

(7) 同上。

(8) 「第226号、昭和38年 9 月 4 日、在ノールウェー勝野大使発外務大臣代理宛、贈呈品宛先リスト送付の件」(『大平外務大臣欧州訪問　ノールウェーの部』)。「第385号、昭和38年 8 月20日、在スウェーデン鶴岡大使発外務大臣宛、大平大臣スウェーデン訪問の際の贈与品に関する件」(『大平外務大臣欧州訪問　スウェーデンの部』)。「丁第444号、昭和38年 8 月20日、在デンマーク近藤大使発外務大臣宛、大平大臣訪問に関する件」(『大平外務大臣欧州訪問　デンマークの部』)。

(9) 小野寺百合子『私の明治・大正・昭和——戦争と平和の八十年——』(共同通信社、1990年) 207～212ページ。

(10) たとえば、スウェーデン社会研究所編『スウェーデン——自由と福祉の国——』(芸林書房、1971年) を参照。

(11) 「秘　椎名大臣の訪ソ途次におけるヘカラップ・デンマーク外相及びベルフラーゲ・スウェーデン外務次官との会談要旨 (1966年 1 月16日)、昭41. 2 . 7 、欧西」(『椎名外務大臣欧州訪問関係 (1966・ 1)』マイクロフィルム・リール番号 A0390、外務省外交史料館)。

(12) 「秘　椎名大臣の訪ソ途次におけるヘカラップ・デンマーク外相及びベルフラーゲ・スウェーデン外務次官との会談要旨 (1966年 1 月16日)、昭41. 2 . 7 、欧西」(『椎名外務大臣欧州訪問関係 (1966・ 1)』)。

(13) 小田実『何でも見てやろう』(河出書房新社、1961年) 176、180～181ページ。

物理学賞：1901年－1949年」(〈日本物理学会誌〉第55巻第7号、2000年7月)。

(43)　「大きな歩み（1）日本人の進出」(『希望　新国語六年下』光村図書出版株式会社、1950年文部省検定済）4、10ページ。

(44)　「欧米四第10号、昭和28年3月18日附、外務省発在京ノールウェー公使館、(ノーベル平和賞に関する件)」、「第112号、昭和28年4月27日、在スウェーデン特命全権公使結城司郎次発外務大臣岡崎勝男宛、ノーベル平和賞候補者推せんに関する査報方の件」(『ノーベル賞関係雑件』マイクロフィルム・リール番号I0011、外務省外交史料館)。

(45)　「メキシコ大統領アレマン推薦関係」、「伯国人フェルナンデス推薦関係」(『ノーベル賞関係雑件』)。

(46)　渡辺紳一郎『スウエデンの歴史を散歩する』(朝日新聞社、1947年）序にかへて1～2ページ。本文3ページにも同様の指摘がある。引用にあたり、漢字の旧字体を新字体に改めた。

(47)　ベルナドット／衣奈多喜男訳『幕おりぬ――ベルナドット伯手記、ヨーロッパ終戦秘史――』(國際出版株式会社、1948年）225～226ページ。引用にあたり、漢字の旧字体を新字体に改めた。

第3章

（1）　民主社会主義研究会議北欧研究視察団、武藤光朗編『福祉国家論――北欧三国を巡って――』(社会思想社、1965年）1～2ページ。

（2）　東京都『東京都政五十年史　通史』(ぎょうせい、1994年）291～303ページ。

（3）　富永健一『社会変動の中の福祉国家――家族の失敗と国家の新しい機能――』(中公新書、2001年）184～190ページ。

（4）　外務省〈わが外交の近況〉第8号（1964年）107ページ。大平正芳回想録刊行会編『大平正芳回想録――伝記編――』(大平正芳回想録刊行会、1982年）229ページ。

（5）　「極秘　大平外務大臣訪欧会談録（昭和38年8月25日～9月10日)、欧亜局西欧課」(『大平外務大臣欧州訪問　第1巻（1963.8)』マイクロフィルム・リール番号A0365、外務省外交史料館)。「極秘　大平外務大臣・ランゲ・ノールウェー外務大臣会談要旨、昭和38.8.30、西欧課」

38.8.12、欧亜局英連邦課」(『大平外務大臣欧州訪問　第1巻(1963.8)』マイクロフィルム・リール番号A0365、外務省外交史料館)。

(29)「ノルウェーの商業捕鯨再開宣言」(〈朝日新聞〉1993年6月6日朝刊)。

(30) 内村鑑三『後世への最大遺物・デンマルク国の話』(岩波文庫、1946年、改版1976年)。内村鑑三「デンマルク国の話——信仰と樹木とを以て国を救ひし話(十月廿二日今井館に於て)—」(『内村鑑三全集』(新版)第18巻、岩波書店、1981年)304〜315ページ。

(31) 文部省著作『國語　第六学年上』(東京書籍株式会社、1947年。復刻版『文部省著作国語教科書』大空社、1984年)17〜26ページ。

(32) 同上、18、26ページ。引用にあたり漢字の旧字体を新字体に改めた。

(33)「緑の国、緑地計画」(『緑の国　新国語五年上』光村図書出版株式会社、1951年文部省検定済・1953年改訂)24〜25ページ。

(34)「緑の国、もみの林」(同上)34〜35ページ。

(35) 岡本祐三『デンマークに学ぶ豊かな老後』(朝日新聞社、1990年)18ページ。

(36) 村井誠人「『デンマルク国の話』と我が国のデンマーク像の変遷」(〈歴史と地理〉第339号、1983年11月)8〜10ページ。

(37) 同上、9ページ。

(38)「日本の中立を維持、マ元帥言明、侵略には断固防衛」(〈朝日新聞〉1949年3月3日)。

(39) 内山正熊「日本における中立主義の生長」(内山正熊『現代日本外交史論』慶應通信、1971年)290、293、299〜300ページ。

(40)「005回−参−本会議−11号　1949/04/07」、「006回−参−本会議−07号　1949/11/10」(国会ホームページ〈http://kokkai.ndl.go.jp/〉)。帆足議員は、以下でも同様の指摘をしている。帆足計「日本の永世中立と再軍備放棄」(〈世界評論〉第4巻第6号、1949年)26ページ。

(41)「昭和21年7月　交戦権抛棄と中立　條約局條約課」、「昭和24年7月18日　永世中立と國際情勢との関連に関する研究　外務省調査局総務室」、「憲法第九條、永世中立國及び國際連合に関する諸問題　(24、11、4)(資料)」(『永世中立関係雑件第2巻　自21年7月　至43年10月』マイクロフィルム・リール番号A0392、外務省外交史料館)。

(42)「湯川理論　戦中から海外で評価、ノーベル賞選考の舞台裏あきらかに」(〈朝日新聞〉2000年1月5日夕刊)。岡本拓司「日本人とノーベル

5、28）金山欧亜局長」（『日本・ノールウェー、スウェーデン、フィンランド間外交』）。

(17)「極秘　大平外務大臣訪欧会談録（昭和38年８月25日～９月10日）欧亜局西欧課」（『大平外務大臣欧州訪問　第１巻（1963. 8）』マイクロフィルム・リール番号A0365、外務省外交史料館）。

(18) “Erstatning til norske statsborgere som satt i japansk fangenskap under 2. verdenskrig,” St. prp. nr. 67 (2000-2001)［「第二次世界大戦中に日本の拘束下におかれたノルウェー市民に対する補償」、国会法案第67号（2000－2001年会期）］.

(19)「極秘　欧四関係各国別クレーム処理状況　欧米局第四課」（『旧枢軸国及び中立国の対日賠償要求関係雑件　自29年２月12日　至30年２月14日』［以下、『対日賠償要求関係雑件』］マイクロフィルム・リール番号B0087、外務省外交史料館）。

(20)「中立国クレーム処理方針案」（『対日賠償要求関係雑件』）。

(21)「極秘　欧四関係各国別クレーム処理状況　欧米局第四課」、「極秘『サンフランシスコ平和条約の例外としての旧連合国及び中立国の対日クレイム』中の主要案件資料説明（30、10、5　外務省）」（『対日賠償要求関係雑件』）。

(22) 外務省〈わが外交の近況〉第１号、67ページ；第２号（1958年）76ページ；第３号、95ページ；第４号（1960年）109～110ページ。

(23)「極秘　欧四関係各国別クレーム処理状況　欧米局第四課」、「極秘『サンフランシスコ平和条約の例外としての旧連合国及び中立国の対日クレイム』中の主要案件資料説明（30、10、5　外務省）」（『対日賠償要求関係雑件』）。

(24) 外務省〈わが外交の近況〉第１号、67ページ；第４号109～110ページ。

(25) 外務省〈わが外交の近況〉第４号、109ページ。

(26) 東洋捕鯨株式会社『明治期日本捕鯨誌』（マツノ書店、1989年）201～206ページ。同書は、東洋捕鯨株式會社編『本邦の諾威式捕鯨誌』（東洋捕鯨株式會社、1910年）を復刻したものであり、その原本は1910年当時、東洋捕鯨株式会社社長であった岡十郎の談話から起稿したものである。

(27) 外務省〈わが外交の近況〉第１号、75ページ。国際捕鯨のその後の動向については、〈わが外交の近況〉各号の国際捕鯨問題の項を参照。

(28)「極秘　南氷洋捕鯨問題と日本及びノールウェーの捕鯨業、昭和

history.html〉。「きょう一番機飛ぶ、北極回りのSAS機、三笠宮ご夫妻を乗せて」(〈朝日新聞〉1957年2月24日朝刊)、「花やかに〝北極一番機〟、スカンジナビア航空「地球特急」」(〈朝日新聞〉1957年2月24日夕刊)、「北極上空で両機すれちがう、地球特急号」(〈朝日新聞〉1957年2月25日夕刊)、「32時間45分で飛ぶ、SAS一番機コペンハーゲン着、北極は神秘な七色の配色」(〈朝日新聞〉1957年2月26日朝刊)、「北欧からも珍客、SAS一番機けさ羽田着、〝隣同士に〟とハンセン首相」(〈朝日新聞〉1957年2月26日夕刊)。

(9) H. C. Hansen, *Blandt nye Naboer*, København: Forlaget Fremad, 1957, s. 16, 25-37 [H・C・ハンセン『新しい隣人たちの間で』コペンハーゲン:フレーマズ出版社、1957年].

(10) 「丁第23号、昭和32年3月26日、在デンマーク特命全権公使黄田多喜夫発外務大臣岸信介宛、ハンセン、デンマーク外相訪問に関する件」(『日本・オランダ、デンマーク、ルクセンブルグ間外交』マイクロフィルム・リール番号A0127、外務省外交史料館)。

(11) 外務省〈わが外交の近況〉第3号(1959年)、94ページ。

(12) 外務省条約局法規課『極秘　平和条約の締結に関する調書　Ⅶ　昭和26年9月　サン・フランシスコ平和会議　Ⅰ東京編　Ⅱ桑港編』(昭和45年7月)102ページ。同文書は情報公開法により2001年8月開示された(外務省外交史料館蔵)。同様の指摘は、同文書に基づいてまとめられたと考えられる以下の文献にも見られる。西村熊雄『日本外交史第27巻　サンフランシスコ平和条約』(鹿島研究所出版会、1971年)252ページ。

(13) 外務省条約局法規課、前掲『極秘　平和条約の締結に関する調書Ⅶ』、158、350~352ページ。西村、前掲『日本外交史第27巻　サンフランシスコ平和条約』、303~304ページ。

(14) 「第284号公信写(昭和27、11、8付)、在スウェーデン特命全権公使発外務大臣宛、ノールウェー皇帝《ママ》[国王]に対する御信任状捧呈に関する報告並びに日諾関係に関する卑見具申の件」(『日本・ノールウェー、スウェーデン、フィンランド間外交』)。

(15) 「フォークト在京ノルウェー公使との会談の件　昭和32、3、14　法眼欧州参事官」(『日本・ノールウェー、スウェーデン、フィンランド間外交』)。

(16) 「フォークト在本邦ノールウェー公使との会談に関する件(昭和32、

──』（共同通信社、1985年）。外務省編『終戦史録』２（北洋社、1977年。原本は新聞月鑑社、1952年刊行）109～126ページ。小林龍夫「対スェーデン和平工作」（日本外交学会編、植田捷雄監修『太平洋戦争終結論』東京大学出版会、1958年）467～506ページ。Bert Edström, "Widar Bagge, Japan and the End of the Second World War," *Working Paper*, No. 41, Center for Pacific Asia Studies at Stockholm University, Stockholm, October 1995.

(55)　外務省編『終戦史録』４（北洋社、1978年）157～167ページおよび同編『終戦史録』５（北洋社、1977年）３～16ページ。

第２章

（１）　国際法事例研究会『日本の国際法事例研究（１）国家承認』（日本国際問題研究所、1983年）３、322ページ。同、前掲『日本の国際法事例研究（２）国交再開・政府承認』、42、53～54、63～64、71～72、322～323ページ。

（２）「フィンランド関係主要事項　昭和30、１、８　欧米五」（『日本・ノールウェー、スウェーデン、フィンランド間外交』マイクロフィルム・リール番号 A0127、外務省外交史料館）。

（３）「高裁案　昭和32年２月５日決裁、フィンランドとの外交関係回復に関する件」（『日本・フィンランド間外交関係（第１巻）』マイクロフィルム・リール番号 A0147、外務省外交史料館）。

（４）　外務省〈わが外交の近況〉第１号（1957年）、94～95ページ。条約は、同194～200ページに収録されている。

（５）「高裁案　昭和27年２月19日決裁、スウェーデン、デンマークおよびノルウェー並びにオランダとの民間航空協定締結に関する件」（『日本スカンディナヴィア三国間航空業務協定関係一件（第１巻）』マイクロフィルム・リール番号 B0056、外務省外交史料館）。

（６）「日本とスカンヂナヴィア三国との航空協定交渉、1952年12月21日、在ストックホルム　金沢正雄記」（『日本スカンディナヴィア三国間航空業務協定関係一件（第１巻）』）。

（７）　外務省〈わが外交の近況〉第１号、66ページ。

（８）　スカンジナビア航空ホームページ〈http://www.flysas.co.jp/aboutsas/

年）に改造社により出版された。

(39) 同上、129～130、131ページ。

(40) 同上、131ページ。

(41) 賀川豊彦『世界を私の家として』(『賀川豊彦全集』第23巻）436～438、446～449ページ。原本は、1938年（昭和13年）に第一書房により出版された。

(42) M・W・チヤイルヅ／賀川豊彦、島田啓一郎譯『中庸を行くスヱーデン――世界の模範國――』(豊文書院、1938年）譯者序2、5ページ［Marquis Childs, *Sweden: The Middle Way,* New Haven, Conn.: Yale University Press, 1936.］。

(43) 賀川豊彦「身辺雑記」(『賀川豊彦全集』第24巻、キリスト新聞社、1964年）339～341、345～347ページ。

(44) 松前重義『わが人生』(講談社、1980年）50～51ページ。

(45) 同上、98～100ページ。

(46) 松前重義『デンマークの文化を探る』(東海大学出版会、1962年）38～39、72、75、92、119ページ。原本は1936年（昭和11年）に出版された。

(47) 如是閑「戦争絶滅受合法案」(〈我等〉第11巻第1号、1929年1月）2ページ。

(48) 丸山真男「憲法第九条をめぐる若干の考察」(〈世界〉第235号、1965年6月）51ページ。

(49) Th. Hauch-Fausbøll, “Frits Holm,” Povl Engelstoft (red.), *Dansk biografisk leksikon*, X, København: J. H. Schultz Forlag, 1936, s. 429-430.

(50) Frits Holm, “Projected law, the enactment, promulgation, and enforcement of which will prevent war among nations,” 3rd revised edition, June 1928.

(51) Frits Holm, *My Nestorian Adventure in China: A Popular Account of the Holm-Nestorian Expedition to Sian-Fu and Its Results*, London: Hutchinson & Co., 1924, pp.325-326.

(52) 稲葉千晴『明石工作――謀略の日露戦争――』(丸善ライブラリー、1995年)。

(53) 杉原幸子『六千人の命のビザ（新版)』(大正出版、1993年）62～70ページ。

(54) 小野寺百合子『バルト海のほとりにて――武官の妻の大東亜戦争

(27)　Kanzo Uchimura, *Hvorledes jeg blev en kristen: udtog af min dagbog*, autoriseret oversættelse ved M. Wolff, København: Det Schønbergske forlag, 1906［内村鑑三『余は如何にして基督信徒となりし乎——自身の日記から——』M・ヴォルフ公定訳、コペンハーゲン：シェーンベアスケ出版社、1906年］.

(28)　内村鑑三／鈴木範久訳『代表的日本人』（岩波文庫、1995年）196ページ。Kanzo Uchimura, *Karakterbilleder fra det gamle Japan*, autoriseret oversættelse ved M. Wolff, København: Det Schønbergske forlag, 1907［内村鑑三『古き日本からの代表的人物像』M・ヴォルフ公定訳、コペンハーゲン：シェーンベアスケ出版社、1907年］.

(29)　内村鑑三「病中雑記」〈新希望〉第73号、1906年3月（内村鑑三『内村鑑三全集』（新版）第14巻、岩波書店、1981年）60ページ。

(30)　内村鑑三「クリスマスの大贈物」〈聖書之研究〉第82号、1906年12月（『内村鑑三全集』（新版）第14巻）403ページ。

(31)　内村鑑三「無教会主義の前進」〈聖書之研究〉第85号、1907年3月（『内村鑑三全集』（新版）第14巻）490〜491ページ。

(32)　内村鑑三「西洋の模範国デンマルクに就て」〈国民新聞〉1924年9月19日、21日（『内村鑑三全集』（新版）第28巻、岩波書店、1983年）376〜378ページ。

(33)　内村鑑三「グルントウイツヒの如く」1926年（大正15年）〔推定〕（『内村鑑三全集』（新版）第30巻、岩波書店、1982年）185ページ。

(34)　内村鑑三「偉大性の養成」〈聖書之研究〉第306号、1926年1月（『内村鑑三全集』（新版）第29巻、岩波書店、1983年）410ページ。

(35)　内村鑑三「大なる野心」〈聖書之研究〉第311号、1926年6月（『内村鑑三全集』（新版）第29巻、岩波書店、1983年）513ページ。

(36)　岡田洋司『ある農村振興の軌跡——「日本デンマーク」に生きた人びと——』（農山漁村文化協会、1992年）10〜19ページ。安城市史編さん委員会編『安城市史』（愛知県安城市役所、1971年）929〜931ページ。安城市農業協同組合編さん委員会編『安城市農協二十年史』（安城市農業協同組合、1983年）48〜49ページ。

(37)　同上、49ページ。

(38)　賀川豊彦『雲水遍路』（賀川豊彦全集刊行会編『賀川豊彦全集』第23巻、キリスト新聞社、1963年）126ページ。原本は、1926年（大正15

(17) 新渡戸稲造『東西相触れて』(新渡戸稲造『新渡戸稲造全集』第1巻、教文館、1969年) 175、177ページ。原本は、1928年 (昭和3年) に実業之日本社により出版された。

(18) 同上、167～168ページ。

(19) Inazo Nitobé, *Bushido, Japans sjæl: En fremstilling af japansk tænkning*, oversat af Hans Brekke, Kristiania: S. & Jul Sørensens Forlag, 1905 [新渡戸稲造『武士道、日本の魂——日本的思考の提示——』ハンス・ベッケ訳、クリスチャニア:S&ユール・セーアンセン出版社、1905年]. Inazo Nitobé, *Bushido, Japans själ*, auktoriserad öfversättning af Fanny Ekenstierna, Stockholm: Wahlström & Widstrand, 1906 [新渡戸稲造『武士道、日本の魂』ファニー・エーケンスティーアナ公定訳、ストックホルム:ヴァールストレーム&ヴィドストランド出版社、1906年].

(20) 国際法事例研究会『日本の国際法事例研究(2)国交再開・政府承認』(慶應通信、1988年) 42、53～54、63～64、71～72、322～323ページ。

(21) 矢内原忠雄「内村先生〔柏木今井館聖書講義聴講ノート〕」(矢内原忠雄『矢内原忠雄全集』第24巻、岩波書店、1965年) 437～439ページ。

(22) 内村鑑三「デンマルク國の話——信仰と樹木とを以て國を救ひし話——」(内村鑑三『内村鑑三全集』第14巻、岩波書店、1932年) 703～715ページ。

(23) 内村鑑三「興國の縦」(岩波編輯部編『國語』巻3、岩波書店、1934年、復刻版1988年) 43～57ページ。

(24) 内村鑑三全集編集室 (N・S記)「【資料】マリア・ウルフ宛の内村鑑三書簡」(〈内村鑑三全集第33巻　月報32〉岩波書店、1983年5月) 9～12ページ。

(25) 村井誠人「『デンマルク国の話』と我が国のデンマーク像の変遷」(〈歴史と地理〉第339号、1983年11月) 10～12ページ。同「祖国復興の英雄?ダルガスの実像と日本での変容」(百瀬宏、村井誠人編『世界の歴史と文化　北欧』新潮社、1996年) 69～71ページ。

(26) 内村鑑三「欧人の歓迎」〈聖書之研究〉第62号、1905年3月、同「我書芬蘭土に入る」〈新希望〉第67号、1905年9月 (内村鑑三『内村鑑三全集』(新版) 第13巻、岩波書店、1981年) 129～130、294～297、483～484、493～494ページ。

庫、2000年）12、395ページ。志村弘強、大槻玄沢『環海異聞』（山下恒夫再編『石井研堂コレクション　江戸漂流記総集第6巻』日本評論社、1993年）455ページ。

（7）　赤松範一編注『赤松則良半生談——幕末オランダ留学の記録——』（平凡社、1977年）176～182ページ。宮永孝『幕府オランダ留学生』（東京書籍、1982年）99～103ページ。

（8）　長島要一「デンマークにおける岩倉使節団——『米欧回覧実記』の歪み——」（田中彰、高田誠二編『『米欧回覧実記』の学際的研究』北海道大学図書刊行会、1993年）170ページ。

（9）　石原藤夫『国際通信の日本史——植民地化解消へ苦闘の九十九年——』（東海大学出版会、1999年）57～58ページ。

（10）　長島要一「大北電信会社の日本進出とその背景——シッキ公使の来日——」（〈日本歴史〉第567号、1995年8月）89～90ページ。

（11）　長島要一、前掲「デンマークにおける岩倉使節団——『米欧回覧実記』の歪み——」、173～175ページ。

（12）　久米邦武編『特命全権大使米欧回覧実記』第4巻（岩波文庫、1980年）135、137ページ。原本は1878年（明治11年）に刊行された。

（13）　梅溪昇『お雇い外国人①概説』（鹿島研究所出版会、1968年）58～59、62～63ページ。

（14）　*International Treaties and Documents Concerning Åland Islands 1856-1992*, Mariehamn, Åland: Ålands kulturstiftelse, 1993, pp.15-23. 佐藤尚武監修『日本外交史第14巻　国際連盟における日本』（鹿島研究所出版会、1972年）32～43ページ。

（15）　グスタフ・ヨン・ラムステット／坂井玲子訳『フィンランド初代公使滞日見聞録』（日本フィンランド協会、1987年）70～76ページ。

（16）　新渡戸稲造「国際連盟の業績と現状」（新渡戸稲造『新渡戸稲造全集』第19巻、教文館、1985年）473～474ページ。これは、1920年9月に新渡戸がブリュッセル市国際大学で行った講演がもとになっている。そのほか、以下を参照。オーランド島取材団の報告「バルト海から未来を照らす——新渡戸稲造国際連盟事務次長の業績——」（〈新渡戸稲造研究〉第7号、財団法人新渡戸基金、1998年9月）1～44ページ。内川永一朗『永遠の青年　新渡戸稲造』（財団法人新渡戸基金、2002年）150～160ページ。

出典一覧

序　章

（1）　エンディミヨン・ウィルキンソン／白須英子訳『新版誤解——日米欧摩擦の解剖学——』（中央公論社、1992年）24ページ。

第1章

（1）　C・P・ツュンベリー／高橋文訳『江戸参府随行記』（平凡社、1994年）38、71ページ。
（2）　同上、13～14ページ。
（3）　Olof G. Lidin, "Japanese-Danish Official Relations," in Mette Laderrière ed., *Danes in Japan 1868 to 1940: Aspects of Early Danish-Japanese Contacts*, Copenhagen: Akademisk Forlag, 1984, p.11.
（4）　村上直次郎譯『長崎オランダ商館の日記　第二輯』（岩波書店、1957年）184～230ページ。同『長崎オランダ商館の日記　第三輯』（岩波書店、1958年）190～251ページ。村川堅固・尾崎義訳、岩生成一校訂『セーリス日本渡航記・ヴィルマン日本滞在記（新異国叢書6）』（雄松堂書店、1970年）。Kunishiro Sugawara, "The First Swede on Japan's Soil - Who and When? A Note on the annotation of a modern edition of the contemporary source,"（〈北欧史研究〉第16号、1999年6月）134～140ページ。
（5）　木崎良平『漂流民とロシア——北の黒船に揺れた幕末日本——』（中公新書、1991年）52～78ページ。カウコ・ライティネン「知られざる絆——鎖国時代の日本人とフィンランド人の出会い、大黒屋光太夫とラクスマン親子——」（〈エクセレント・フィンランド・シス〉（在日フィンランド大使館）第1号、2000年1月）178～179ページ。
（6）　加藤九祚『初めて世界一周した日本人』（新潮社、1993年）93～95ページ。木崎、前掲書、80～100ページ。木崎良平『仙台漂民とレザノフ——幕末日露交渉史の一側面 NO 2——』（刀水書房、1997年）86～90ページ。レザノフ／大島幹雄訳『日本滞在日記　1804－1805』（岩波文

【や】

【ら】

【わ】

【ま】

【な】

【は】

【さ】

【た】

索　　引

（人名の末尾に付いている＊は女性を表す）

著者紹介

吉武　信彦（よしたけ・のぶひこ）

1960年生まれ。

1986～1987年、デンマーク政府給費奨学生（オーフス大学政治学研究所）。

1989～1991年、外務省在スウェーデン日本国大使館専門調査員。

1991年、慶應義塾大学大学院法学研究科政治学専攻後期博士課程単位取得退学。

1996～1997年、ノルウェー国際問題研究所客員研究員。

現在、高崎経済大学地域政策学部助教授。国際関係論、北欧地域研究専攻。

共著：『スウェーデンハンドブック』（早稲田大学出版部、1997年）
『北欧史』（山川出版社、1998年）
『EU諸国』（自由国民社、1999年）

共訳：『福祉国家の再検討』（新評論、2000年）

日本人は北欧から何を学んだか
——日本－北欧政治関係史入門——　　（検印廃止）

2003年2月28日　初版第1刷発行

著者　吉武信彦
発行者　武市一幸

発行所　株式会社　新評論

〒169-0051
東京都新宿区西早稲田3-16-28
http://www.shinhyoron.co.jp

電話　03(3202)7391
FAX　03(3202)5832
振替・00160-1-113487

落丁・乱丁はお取り替えします。
定価はカバーに表示してあります。

印刷　フォレスト
製本　清水製本プラス紙工
装丁　山田英春

Printed in Japan
ISBN4-7948-0589-6 C0036